大数据宇宙是怎样炼成的

——管理者必读

崔玉广 著

加拿大国际出版社

书名：大数据宇宙是怎样炼成的---管理者必读

作者：崔玉广

出版：加拿大国际出版社

印刷版 ISBN: 978-1-998479-62-7

电子版 ISBN: 978-1-998479-63-4

2025 年 10 月 加拿大第一版

2025 年 10 月 第一次印刷

Book Title: How the Big Data Space is Created

Authors: Yuguang Cui

Publisher: Canada International Press

Print version ISBN: 978-1-998479-62-7

EBook version ISBN: 978-1-998479-63-4

First Edition in Canada: Oct. 2025

First Printing: Oct. 2025

引言

数字经济已经成为当今全球经济浪潮中的热门话题，许多国家都已把数字经济作为国家优先发展的目标。中国在这方面尤其如此。数字经济是与"大数据"时代的来临密切相关的，是大数据时代的必然产物。

一、数字经济崛起：趋势与背景

近年来，数字经济已成为全球经济发展的重要方向，越来越多的国家将其视为国家竞争力的核心组成部分。尤其是在中国，数字经济不仅是政策重点，更是推动经济转型与创新的重要引擎。

数字经济的兴起，离不开"大数据"这一时代产物。大数据的概念和应用，深刻改变了信息获取、资源配置、决策制定等各个领域，催生出一场前所未有的技术与产业变革。

二、重新理解"数据"的本质

什么是"数据"？

数据表示的是一种事物，是一种自恐龙时代就产生的事物，在世间从来没有消失过。任何的历史痕迹都是"数据痕迹"，如历史遗迹、化石痕迹、文献记载，都是数据的具象表达。可以说，数据是人类记录世界、认知世界、改造世界的重要资源。人类使用数据的历史就从来没有中断过。它也是一种重要的资源，决定着历史走向、计划及行动的成败。

要说明这一点，我在此引用一句中国的老话：兵马未动粮草先行；实际上这句话并不完整，应该在粮草前面加上一句：情报先行。情报者，情况之报告的简称，它是由各种数据做为重要支撑的。如战场上敌方兵力的多少，武器的装备，支持力量（如弹药）的多寡等，均是由各种数据表现在报告里的。延伸到商业领域，对竞争者及市场的分析、客户画像、供应链管理，亦都是如此。如果没有这些（数据），"粮草"该如何准备，准备多少（也是数据），如何运输等等都需要各种情报（数据）做支撑。所以这也就是说数据是一种重要的资源的原因；数据始终是决策的基础与核心，也是我们要对数据重视并对其进行科学地研究的原因。

因此，数据不仅是资源，更是战略要素。认识数据、掌控数据，才能真正掌控发展的主动权。

三、那什么是"大数据"呢？

"大数据(Big Data)"一词出现之初是伴随着另一个英文单词一起出现的，这个英文单词就是：Time，即"Big Data Time"（大数据时代）。"大数据时代"的提法自 2008 年在媒体上出现以来，以其迅猛的速度横扫全球，其称呼也逐渐被人们简化为"大数据（Big Data）"，并在 2000 年的中期得到了广泛的使用。

不是因为数据量（或数据记录）多、量大就叫"大数据"，而是指它具有：门类繁多，随时间出现的速度快，不但数据量庞大、而且数据（集）之间关系复杂；它的出现是对我们所处的时代的形象描述，故它出现之初，严谨的人使用的是：Big Data Time(大数据时代)。

大数据时代来了，"数据生态"一词也就出现了，它是指滋生滋养数据的"宇宙"。这个"宇宙"不是"大数据"出现以后才有的，它是自人类出现以前至今一直就"存在"着的。

大数据的典型特征可归纳为"5V"模型：

- Volume（数据体量巨大）

- Velocity（数据流转快速）

- Variety（数据类型多样）

- Veracity（数据真实性要求高）

- Value（数据潜在价值巨大）

现在人们普遍用"大数据"（概念）来代指对传统数据处理应用程序无法有效处理的、过于庞大且复杂的数据集进行整理（不仅仅是处理）和分析的活动。

值得强调的是，大数据并非简单的数据积累，而是以数据的高效整合、深度挖掘与智能分析为核心的生态体系。

大数据已"侵掠"天下！驾驭大数据冲浪世界、组建国家级的数据基础设施，形成有规模的"大数据宇宙（Big Data Space）"环境也已刻不容缓！

四、数据生态与"大数据宇宙"

那什么是"大数据系统和大数据宇宙"呢？

大数据系统，也可叫"大数据生态"，是独立于企业/组织中现有的各种智能业务系统（如办公自动化系统、财务系统、制造业中的自动控制系统、信息系统等）。这些智能业务系统产生海量的生数据，形成了多个相应的数据环境（也可称为"小型/微型数据生态"），这个"环境"也被称为"数据空间"。大数据系统就是将这些存在的大大小小的"数据空间"统筹起来，就形成了"大数据宇宙"。

"大数据宇宙"是数据生态在国家或企业层面的系统化体现。它通过整合分散的、零散的数据空间（Data Space），打破数据孤岛，形成统一、高效、智能的数据资源平台。

大数据系统就工作在这个由大大小小数据空间组成的大数据宇宙（空间）里，它由业务分析、数据收集、数据处理、数据综合储存、数据报告、数据分析/预测、数据展示、数据挖掘等子系统组成。

大数据宇宙的建设，已成为国家竞争力的重要标志，也构成企业数字化转型的基础支撑。

五、数据基础设施的战略意义

那什么是"数据基础设施"呢？

在一个国家的信息基础设施中，数据基础设施堪比交通、能源、通信等传统基础设施，是很重要的内容，由各种不同形态的"数据生态"组成。在"数据生态"中，最基本元素是"数据"，最基本单元的数据基础设施是"数据源"，它们是"数据生态"建设的基础，也是"数据基础设施"建设的基础，更是区域级大数据宇宙形成的基础。

数据基础设施包括但不限于：

- 数据源系统
- 数据采集与传输网络
- 数据存储与处理平台
- 数据安全与治理机制
- 数据标准与法治环境

这些基础设施共同构建了区域性乃至国家级的大数据生态，决定了数据资源的可用性、可靠性与安全性，是数字经济高质量发展的根本保障。

六、大数据对企业/组织的核心价值

大数据对企业/组织的作用是什么？

大数据对于企业/组织/集团的作用主要体现在通过对内部历史数据和现实数据结合周边环境数据进行处理分析。大数据赋能企业和组织，体现在以下方面，帮助：

- 建立发现问题的机制
- 建立正确的战略目标
- 建立正确的运营策略
- 优化现有的业务流程
- 提高业务能力及效率
- 提高盈利及业务创新

七、数字化转型的实质与路径

企业/组织"数字化"的内容是什么？

"大数据"催生/激发了数字经济的蓬勃兴起，现在社会数字化发展已经引起了许多国家的极大重视。但"数字化"的内容是什么呢？

它的内容之一，就是要将"信息/数字"变成"数据"！变成一种"事物"，因为信息/数字并不等于数据！更不是一种"事物"。它们只有在变成数据后才能成为一种"资源"，才能被人们有效地利用，才能够发挥出它应有的威力！信息或数字，只有经过标准化、结构化、系统化处理，转变为可分析、可利用的数据，才能真正发挥出其资源的价值。

它遵循以下的路径：

信息→数据→资源→价值

"数字化"的核心内容就是"大数据"，没有大数据做基础，一切的大模型、AI、机器学习都无从发挥。

但企业/组织如何进行"数字化"改造？信息/数字如何才能转变成为数据，数据又该如何被"驯化"才能发挥出它的价值威力？从而促进是指经济的发展？而驾驭这些"驯化"的数据又该遵循的法则是什么？保护这些"驯化"的数据又该采取什么措施与手段？又如何以大数据方法去运用这些被"驯化"的数据？这正是本书需要阐述的主旨内容-----博弈大数据形成"大数据宇宙"。"博弈"者，"手段"与"方法"也，意即通过大数据方法锻造"大数据宇宙"，最终以发展壮大"数字经济"。

本书的内容主要围绕驾驭大数据冲浪世界、博弈数字经济的策略和方法展开，主要论述：数字经济建设、数据基础设施建设、大数据韬略、大数据生态策论四大与"大数据博弈论"有关的主旨思想展开，尽可能地向大家展示什么是"数字经济"、"大数据生态"和"大数据博弈策略"。

八、本书造读人群与实践价值

本书为了使更多的人能尽可能地明白什么是"数字经济"、"大数据宇宙与生态"及"大数据博弈"，在内容的叙述中参杂了大量的"概念"描述。

本书尤其适合从事与数字经济活动有关的人员，包括企业/商业/组织管理人员、数据官员/技术人员、在校的正在进行商业/行政管理专业、信息专业、数据科学专业学习的学生、数字架构师、数据安全人员、数据商及需要了解大数据及数字经济的法律工作者等阅读。在学习完本书后，你将会完全明白"大数据体系是怎样练成的"！

　　本书的内容是作者在长期工作实践中、在经受了各种磨难磨练后产生"智慧总结"，不是单纯的"学术报告"。它主要阐述的是人们在数字经济中面对铺天盖地、如海潮般涌来的巨量数据及由此产生的残酷的"数据竞争"时，采取什么样的"行事的艺术"或者说是"行事的法则"去与巨量数据"博弈"，并据此让企业/组织在火热的数字经济发展过程期构建它在商战博弈中的核心基础设施---"大数据宇宙"。为使本书能尽可能地通俗易懂，在讲解数据时会尽可能地不使用"晦涩难懂"的专业词汇，并引入了一些场景/例子来加强对一些专业内容的描述，务使大多数普通人都可理解和掌握。

九、本书的目的及提出的时代口号

　　在信息泛滥、数据爆炸的时代，唯有洞察数据、掌控数据、善用数据，才能在激烈的全球竞争中立于不败之地。

本书对企业管理层人员提出这样的核心理念口号：

——"数据能揭示出你想象不到的真相"！！！

本书的目的：

**　　——首先帮助大家认识什么是"大数据"，从而建立一种"大数据思想"、"大数据价值观及方法论，进而建立相应的大数据体系"**

只有具有了大数据思想，建立了大数据价值观，掌握了正确的方法论，才能更好地掌控数据，才能更好地掌控未来。

作者介绍

崔玉广先生，1984 年参加工作，拥有四十年信息技术与数据产业经验，是中国改革开放后第一批投身 IT 行业的先行者之一。

崔玉广毕业于**华南理工大学（原名华南工学院）**无线电工程系，在中小型计算机与个人计算机应用、集中式系统网络、分布式 Client/Server 局域网络，以及高可靠性系统集成等领域积累了深厚功底。

在中国信息化建设的起步阶段，崔先生积极参与并推动了几乎涵盖全部类型的计算机系统与数据通信（电信）系统建设项目，包括：

- **中海油南海东部 VAX 计算机系统**；

- **校园网（三期日贷项目）与华南地区 Internet 省域网**；

- **大型 ISP 平台**；

- **DDN/帧中继/X.25/ATM 广域通信网**；

- **电信计费系统**。

这些项目见证并奠定了中国信息化与互联网产业的基础，也培养了他跨越技术、产业和战略的综合视野。

在国际化发展的阶段，他赴加拿大从事**海量数据与大数据处理工作**，并获得 **SAP "Data Integrator"证书**，在能源、制造业、商业等多个行业拥有丰富的实战经验。他将中国改革开放时期的信息化建设实践，与北美前沿的大数据工程方法相结合，逐渐形成了独特的**"大数据宇宙"**、**"大数据冶炼厂"**理论框架。

崔玉广先生现为加拿大 Newaurora Corp 公司 CEO，也是公司创始人之一。Newaurora Corp 公司于 2023 年荣获英国著名的 Wealth & Finance 杂志 FinTech Awards2023 大奖：Best Big Data Processing Software Developer 2023 – Canada

崔玉广先生同样是加拿大"数据图书馆"（Data Library）和"加拿大瞭望"智库的创办人。

崔玉广先生坚信：**数据不仅是信息的载体，更是推动经济与社会进步的核心动力。** 他将四十年的积累与思考凝结于本书，旨在帮助读者理解"大数据宇宙"的构建逻辑，洞察数字经济生态的演进路径。

作者：崔玉广

目　录

第一篇　数字经济

什么是数字经济？

它是由英文 digital economy 直译而来的。在 1995 年的世界畅销书《数字经济：网络智能时代的承诺与危险》(The Digital Economy: Promise and Peril in the Age of Networked Intelligence) 中，作者 Don Tapscott 首次创造了数字经济这个术语。

最初它是指在互联网上发生的一切经济交易的统称。它也被称为网络经济或互联网经济，因为它极其依赖于互联网连接。随着时代的发展，世界经济学家和商界领袖们断言，数字经济是比互联网经济更先进、更复杂。根据这种断言，互联网经济仅仅意味着来自互联网的经济价值，而数字经济体现了第三次工业革命向第四次工业革命的转变。

第三次工业革命（有时称为数字革命）是指 20 世纪末发生的从模拟电子和机械设备向数字技术过渡的变化。第四次工业革命建立在数字革命的基础上，通过数字渠道促进经济活动、交易和互动，创造新机遇，改造传统产业，影响社会的各方面。

数字经济活动是指通过数字技术连接个人、企业/组织、设备、数据和运营而产生的经济活动。它涵盖了跨多个部门和技术而发生的在线连接和交易，例如互联网、移动技术（5G）、大数据以及信息和通信技术。2020 年世界发生的 COVID-19 大流行就进一步加速了数字经济活动的增长，使远程工作、在线购物、远程医疗和数字娱乐在封锁和社交距离期间变得至关重要。

数字经济不同于传统经济，因为它依赖数字技术、在线交易以及对传统行业的变革作用。物联网(IoT)、人工智能(AI)、虚拟现实、区块链和自动驾驶汽车等数字创新都在创建数字经济中发挥着重要作用。

数字经济既然是依赖数字技术/数字网络而发展起来的经济活动，这种经济活动的环境，我们称之为"生态"。在数字经济生态中，处于基础部分的有两个部分。一个是它的运送载体，如数字通信网络（如 5G、WIFI6）；另一个就是代表经济活动中各种"事物（或对象）"的"数据"，它是数字经济活动中在载体上传输的基本商业"单位"，它所形成的环境（也就是"宇宙"）就是"数据生态"，众多"数据生态"集成，就形成了"大数据宇宙"。

数字经济将产生海量的数据，企业/组织/个人可以通过分析这些数据来获得见解、趋势和数据驱动的决策。如企业可以通过查看数据访问来更好地了解客户行为、定制体验并提高运营效率。

由数据汇聚，就形成了数据源，数据源汇聚形成共享，就形成了**数据源网络（简称"数源网"，英文：NoDS---Network of Data Source）**。它是"大数据生态"的雏形，**是"大数据生态"中的数据基础网络的主要组成之一**。数据基础网络是一种基于业务而形成的"软实力网络"。它与数字通信网络共同组成了数字经济的基础设施---数据基础设施。

目前，由于大规模的数字通信网络（如 5G、WIFI6）建设已经初具规模，并已开始大量投入应用，作为数字经济中的另一个"基础设施 --- 数据基础设施"的建设就已显得"迫在眉睫"！

数据基础设施的建设是围绕做"数据"展开的，它是数据基础设施建设的根本。那么什么是"数据"呢？

1，数据存在

数字/信息存在于社会的每一个角落，每一种社会现象中都裹挟着大量的数字数据，人们的日常行为，企业/组织的活动，自然界的各种现象等皆是如此！且这些数据大多都以零星、零散、碎片式的方式存在着。

不仅社会及自然界如此，企业/组织内部也莫不如此。有很多企业/政府部门/组织建立起了数据库，有选择地将一些来自于如传感器数据、计算得出的数据、交易/生产数据、知识产权、媒体数据等有序地储存了起来，形成了数据集（库），初步完成了部分信息/数字到数据到数据库的转化。并且以数据做支撑，实现了一系列的应用，如统计/决策的支撑等，但由于数据处理能力有限，同时也出现了大量数据"沉睡"的现象。

2，数据属性

我在引言中说过，信息数字不等于数据，信息数字只有和相关的字段组合在一起才能形成数据。数据记录是对某一项"事物"的具体描述。我们通常在生活工作中说：数据不完整，就包含着这层意思。举例说明：今天有一起车辆相撞事件，这只是一个信息，只有把与它有关的各种数字结合进来，如日期，发生时间，车辆信息，数字单位，牵扯人员，损伤描述等数字组合进来，形成一个完整的"记录"，这才是"数据"！但"数据"同样不等于"数据库"。

数据存在着下列一些属性：
1) 数据的价值属性

数据有"生数据"（Raw Data）和"熟数据"（Curated data）之分。生数据是指未经"处理"，以原始般存在的数据，且还裹挟着大量的"泥沙"，其商业/社会价值通常很低，且不容易引起关注。熟数据是指生数据经过特定转化后形成的数据，已具备了较强的系统性和逻辑性，能够作为一般的商业/社会报告的支撑，如各种统计报告中的文字数据和图表数据，我们说的"数据金矿"通常是指这一部分数据。

2) 数据的"过程"属性

数据分为源数据(Source Data)、中间数据（Stage Data）和目标数据（Target Data）。源数据通常是本书前面提到的"生数据"；中间数据是指源数据经过一定"处理"后产生的，它作为一切目标数据的基础；目标数据就是前面提到的"熟数据",是一切数据报告生成的"数据基础"。什么是"数据基础",如何形成？本书后面会进行阐述。

3) 数据的"技术"属性,

数据有标量数据和矢量数据之分。

矢量数据,是指具有空间及方向型的数据,例如地理信息中的点/线/面数据,制造业中的过程控制数据等。在使用过程中如果违反了空间位置或方向的顺序,它的系统将拒绝或停止工作。

标量数据,是指一种表示单个值或单个信息而没有任何关联方向或空间上下左右位置的数据。它通常只表示"大小"的数字、文本文字或分类信息等。

4) 数据存在着"历史"属性,

历史越长的数据集,原则上价值就越高,反之则低。这在各种统计报告及业务模型的测试中尤其明显。

3，数据分类

数据按性质来分类,可以分为三大类:

1) 元数据（Meta Data）

它是一种为数据体制（规划）建立而出现的数据,用于描述,分类,管理和提供与之相关的主要数据的上下文。例如,数据集（库）名称,数据库里的行/列名称及各种数据对象的名称等。它是一种伴随着业务数据/生产数据的处理而产生的一种"数据",包括数据源、创建日期、数据格式和所应用的任何转换等详细信息。这对于数据治理和理解数据上下文至关重要。它可以帮助用户和系统更有效地理解,组织和使用主要数据。元数据可以在各种上下文和域中找到,包括数据库和信息系统里。元数据是一种一旦生成,变化频率很慢的数据。

元数据应用场景举例如下：

在数据库环境中，以下数据都属于"元数据"：

元数据	例如
数据库名称	产品数据库
数据表格名称	产品名称表
数据表中的列名称	生产厂商名
数据表中列的类型名称	字符型
......	

2）主数据（Master Data）

Master Data (主数据)，它是一种主导着"生产数据"或"业务数据"的"框架型"（Framework）数据。如一个生产企业中的客户数据、材料数据、产品数据等及政府市政数据中的街道数据等，都属于这一类的数据。它的特点是变动"缓慢"，但撑起了一个数据集的"框架"。

主数据管理（Master Data Management" - MDM）：MDM 专注于管理组织的关键业务数据，例如客户信息、产品数据和员工记录，以确保整个企业的一致性和准确性。主数据应用场景举例如下：

在工厂环境中，以下都属于"主数据"：

材料编号	材料名称	存放地点
M00201	半导体	1 号仓库
M00202	托盘	3 号仓库
M00203	导轨	7 号仓库
M00204	支架	4 号仓库
......	......	......

3） 运营数据 (Transaction Data)

运营数据包括业务流程生成的日常事务数据，是一种时间性、活跃性极强的数据，几乎每分每秒都在变动着，是一种变动频率很强的数据。它通常记录各种业务活动信息，如股票交易信息，商品交换信息，金钱换算活动，交通车流状况等。它的记录一定要包含"时间标签"，否则毫无意义。

交易数据应用场景举例如下：

在工厂环境中，以下都属于"运营数据"：

日 期	产品名称	完成数量	生产线正常运转时间（小时）	生产线中断时间（小时）
2001-03-30	汽车座椅	231	8	0
2001-03-31	汽车座椅	233	8	0
2001-04-01	汽车座椅	197	6.5	1.5
2001-04-02	汽车座椅	228	7.5	0.5
…….	……	……	……	……

这 3 大类的数据集的关系如下图所示：

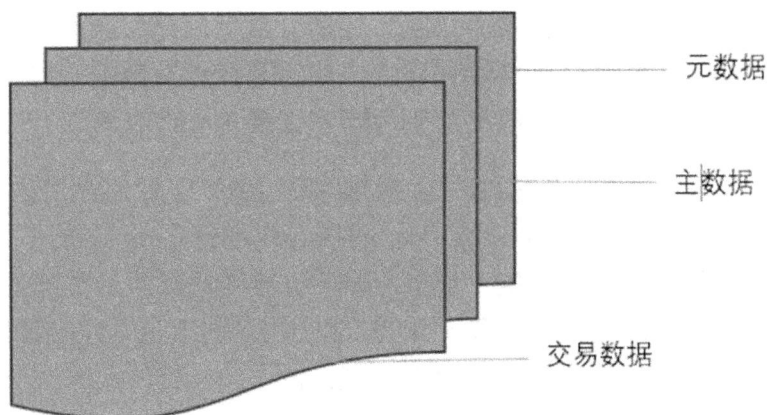

元数据位于基础层，起技术支撑；主数据位于中间，主导业务框架；交易数据 位于最高层，也就是业务层，记录各种活动数据。

4，数据周期

数据周期是指数据的生命周期，它包括：

。数据创建和收集

。数据共享和传输

。数据归档和删除

数据创建和收集是指从信息收集到完成加工处理到数据记录创建的整个工程。在这个阶段的一项主要任务就是明确数据的所有权。

数据共享和传输是指数据形成数据集/数据库后，由被授权的使用者们享用数据及为共享数据而建立的相应传输网络，如利用电信网设立数据源之间的连接链路进行数据（源）汇聚等。在共享或传输数据时澄清数据所有权对于避免争议或信息滥用至关重要。

数据归档和删除是指数据在企业/组织内部的分类存储驻留和从数据（库）记录中删除。在建立数据归档和删除数据之前，数据所有权责任制必须先建立，如谁有权批准数据归档，谁有权删除数据等，执行时要特别考虑法律要求和隐私考量。

在"引言"中已说过，"大数据"催生/激发了数字经济的蓬勃兴起，在数字经济中，"数字化"的核心内容就是"大数据"，没有大数据做基础，一切的大模型、AI、机器学习都无从发挥。那么与"大数据"有关的"数据基础设施"建设的活动内容又包括哪些呢？在后续的章节里将陆续给大家展开。

第二篇　数据采集

上一篇中说明了什么是数据，在我们明白了数据的存在、属性及分类后，在这一篇及以后的章节里将开始讲述如何开始进行数据生态建设？如何"驯服"数据！

为什么要进行数据采集呢？

在引言中，我讲述了"大数据对于企业/组织/集团的作用"，它主要体现在通过对内部历史数据和现实数据及周边环境数据的分析上。既然是基于"数据"，那么要完成并实现这些"作用"，对数据进行采集就是它要进行的第一步。

本节的数据的采集主要是指对"生数据"的采集，生数据是指直接从来源收集的未经处理的非结构化信息。它没有经过任何转换、分析，保持原始状态的数据。"生数据"包括企业/组织内部产生的"生产数据"，如金融交易中每时每刻出现的"交易数据"，商场中每日每时出现的货物"购买记录"数据，工厂的生产线、仓储中每日的更新数据；还有社会上公开的、零散的碎片式数据，都属于未经过处理的"生数据"。

数据采集的最终目的就是整合不同来源的生数据以创建统一且全面的数据集，这可能涉及查询内部或外部数据库（文件库）、使用数据集成工具、连接到 API 或为流数据设置数据管道。此步骤对于创建一致且整体的数据信息视图至关重要，直接关系到未来数据模型的完整而准确的建立。

数据的采集过程包括对数据源的管理和对数据源产生的数据的管理，必须遵守以下步骤：

一，数据评估

二，数据识别

三，数据收集

四，数据存储

一，数据评估

本节所说的评估是针对源数据的评估。在数据评估开始之前，第一步是要先完成企业/组织内部的业务分析(Business Analysis，BA)报告。

在这一部分，要描述清楚企业/组织内部的业务流程及依据业务流程产生的数据流程（内部各数据源之间的关系），要有明确的流程图，并详述在每一个环节的数据（源）状况（输入/环节自生/输出）。每个环节"输入"的数据，就是该环节要"采集"的数据。

业务分析报告由业务分析(Business Analysts，BA)人员撰写，内容除上面提及的内容外，还需包括：为什么要采集数据？要达到什么目的？源数据的数据源在什么"地方"？要实现的目标数据是什么样的？支撑目标数据的源数据是什么样的数据？需要采集多少？并根据项目的目的和目标，清楚地阐明对数据的要求。确定所需数据的类型、所需的格式以及任何特定属性或特征，等等......，都要以书面的方式书写清楚并作为档案留存。除此之外，业务分析报告还需针对数据采集定下以下技术内容，包括：

1，数据设计

　　在这一步骤中要确定"数据采集方案"及之后"数据储存方案"。

　　数据技术人员要对 BA 人员完成的上一步的业务分析报告进行充分而正确地理解，明白数据需求，从而将报告中的需求"技术化"，完成相关的技术设计（如算法设计等）。它包括：

。数据类别/类型

。数据格式

。数据储存

1)　数据类别/类型

　　这里讲的数据类别是指数据的业务分类，如产品数据或用户数据等。每一个类别可以自成一个独立的数据集。数据类型是指分类数据的自身技术属性（如精度），主要是定义源数据的"记录"的类型（Data Type），它主要有以下几种：

。字符（串）型(Character/String)
。日期/日期+时间(Date/Datatime)
。整数(Integer)
。浮点数(Floating-point)
。十进制小数型(Decimal)
。布尔型（Boolean）
。数字(Number)
　　....

在本节之所以要定义数据（记录）的类型，是为了在采集过程中保证被采集的数据的完整性。如对于"字符型"的记录，就要明确其"长度"，以确保被抓取的"数字"不会出现"遗漏"，以至于出现信息上的误差。举例说明：

在数据源处的生数据是：1023B，其字符长度是：5；在抓取时如果你定义的长度是：4，则抓取后的记录就是：1023，就丢失了一位字符信息。

数据的类别/类型（包括其长度）的定义由 BA 人员根据业务需求决定，由技术人员在做数据采集方案设计时遵照执行。

2）数据格式

数据格式是指承载数据的载体的格式，如文字型数据格式有：TXT 文件格式，XML 文件格式，EXCEL 文件格式，数据库格式等等；多媒体数据格式有：JPG，PNG，JPEG 等等。

要抓取的源数据的数据格式及数据内容同样由 BA 人员根据业务需求决定，如数据源处的数据是以什么格式存在的？抓取哪些数据内容？等等，BA 人员均要在业务分析书中详述清楚，技术人员遵照执行。

3）数据储存

在前面说过，数据并不等于数据库，文件（数据）也不等于文件库。"库"，顾名思义，就是存放"东西"的地方。数据也如此！

那么抓取后的"生数据"放在什么地方呢？是以文件（TXT，CSV，EXCEL)）还是以数据库表格进行储存？储存的数据是放在磁盘还是光盘上？是放在本地还是云上？是否需要数据备份等等，必须在业务分析文件里明确定义，包括文件/数据库表的各种"对象"名称和其中的数据内容/格式属性均须由 BA 人员定义，并明确写入业务分析书中。

根据业务需求选择合适的数据存储系统，它们可以是关系数据库、NoSQL 数据库、数据仓库或云存储解决方案，要考虑可扩展性、性能和查询便捷性等因素。

以上内容均需写入业务分析报告中，由数据技术人员（包括 IT 技术人员）遵照执行，完成"数据存储方案"。

由于生数据具有其独特性，在设计对"生数据"的储存时，尤其应注意以下几点：

- 数据量庞大（要做容量规划）
- 数据类别混杂
- 数据记录类型/格式不明显
- 可能携带病毒

在数据采集/储存设计部分，起决定作用的是业务分析人员（Business Analysts，BA)，由他们根据业务分析的内容定出要达到的企业/组织的数据目标，完成数据项目所需要的数据内容(包括哪些数据是已有的，哪些数据要外部引入等等)，从而定出哪些数据需要采集？要形成什么样的数据集？不同数据集之间的逻辑关系/物理关系如何？同样要以书面的方式书写清楚。

2，数据源评估

在完成上述内容后，我们现在就可以知道需要采集什么样的数据了，BA 人员就要开始对需要采集（输入）的数据进行评估，评估的主要内容包括以下要点：

。数据源的可靠性

。数据源中数据的可用性

。数据源中的数据价值

。数据源中数据的可操作性

。数据源之间的关系

2.1，数据源的可靠性

要采集的源数据的数据源分为内部数据源、外部公开的社会数据源及第三方数据源三种。

内部数据源是指企业/组织内部产生的数据"集中地"，如数据库（微软，甲骨文等产品），数据文件（Excel，csv 等）。

外部公开的社会数据源是指公开/公共数据，这部分数据基本上是以离散的，零碎的方式存在，如市政市面上的个体户商业数据，各媒体每日播报新闻消息等。

第三方数据源是指由外部专有企业/组织持有的数据，如气象数据，地理数据等。

以上这些数据源的数据有数据库形式的、文本形式的，Web 形式的和图像形式的。

采集数据是驾驭数据的开始，如果数据的来源不可靠，之后所有的努力都是白费。因此数据的评估必须从数据源的可靠性开

始。说一句通俗的话，就是从数据的"血统"查起，看其"血统"正
不正。

数据源的可靠性是指该数据源提供的数据的可信度和信用
度。评估数据源的可靠性至关重要，因为数据的准确性和完整性
会显着地影响企业/组织的分析和决策。在评估数据源可靠性
时，可以从以下方面着手：

1) 数据源的声誉

考查数据源的声誉和历史记录。它是否是一个权威
的、知名的、且受人尊敬的组织或实体，是否具有准确
可靠的数据提供历史？该源是否有适当的质量控制措
施？

2) 数据收集方法

可靠的数据源通常使用有据可查的程序系统。常见
的方法包括问卷调查、传感器测量、观察记录，历史汇
集和数据挖掘等。

3) 样品抽查

如果源数据是基于较大/大的群体数据，评估抽样样
本数据。随机且具有代表性的样本更有可能产生可靠的
数据。

4) 数据准确性

对可靠的来源的数据，力求其准确性，考察其是否
定期更新数据以及时反映现实世界的变化。

5)　　独立性和客观性

评估数据源是否存在可能影响数据客观性的利益冲突或偏见，独立且公正的报告对于可靠性至关重要。

6)　　数据验证

可靠的数据源具有适当的验证流程来检查错误和不一致。这可能涉及数据清理、异常值检测以及根据已知标准或基准进行的验证。

7)　　一致性

数据具有时间性，包括一致性和连续性，是数据可靠性的标志。可靠的来源保持一致和连续的数据收集标准。

8)　　文档的透明性

可靠的数据源提供清晰、全面的文档，包括解释数据结构和含义的数据字典。它提供文档和元数据来解释数据的收集方式以及任何潜在的限制。

9)　　行业声誉

在学术或研究背景下，经过同行评审的数据通常被认为更可靠。同行评审的数据是指已经过该领域专家的评估和验证。

10)　　反馈和错误纠正

可靠的数据源应有适当接收反馈并纠正数据中错误的机制。并能对用户的询问和疑虑做出回应。

以上的数据源可靠性验证主要是针对社会公开的数据源和第三方专有的数据源，企业/组织内部的数据源的可靠性评估由于存在内部的业务专有性，相对简单一些。

2.2，数据源中数据的可用性

在确定了数据源可靠性后，就要开始对数据源中的数据的可用性进行确认。

数据可用性是指数据可供个人、系统或应用程序使用的可访问性和许可情况。

数据源数据的可用性主要包括：

。访问渠道

。阅读数据

。使用许可

访问渠道是指数据源可接入的"入口"是否存在及如何通过"入口"进入数据源。如访问数据源的链接 Link 是否存在及是否可进入等。

阅读数据是指数据的可读性，包括查阅数据的内容、完整性及可持续性扩展等。可持续扩展是指数据的后续更新是否存在，这对带有时间标签的数据是必不可少的。

数据的使用许可是指数据的访问限制，包括数据阅读许可和下载许可，这是由数据的安全加密等级决定的。例如，在企业/组织内部，有些数据是内部公开的，阅读和下载均不受限制；有些数据的阅读是由职务级别高低及重要与否来决定是否可以访问的。

2.3，数据源中的数据价值

在完成了数据的可用性评估后，对所用的数据（源数据）要进行价值评估，就是它的商业价值高不高及是否适合项目应用？

数据的商业价值的高低及是否适合要进行的项目应用由谁决定？由 BA 人员配合业务管理层人员决定！

为什么这么说呢？首先，任何数据项目都不是单纯的技术项目！从事单纯技术工作的人基本上对企业/组织的总体商业业务是不熟悉不专业的，如在石油生产行业，IT 部门的人员基本上不是石油专业出身，也不从事公司的主业工作，对产生于公司·主业环节的数据缺乏专业的业务理解，如果由他们来决定数据的本身价值是极其不当的。

那为什么说要由 BA+业务人员来决定呢？首先，BA 人员是经过专业训练的业务人员，大都拥有业务分析专业资格证，掌握业务分析的技术，方法论及作业能力。由他们配合企业/组织内部的熟悉业务的人员进行并完成业务分析，将会使业务分析的准确性，完整性更高，这直接影响着项目的成功与否。

数据（源数据）的价值视商业项目的需求而定，与 BA 人员所做的业务分析报告中所要求的目标数据密切相关，衡量数据（源数据）的价值通常与以下因素有关：

。与目标数据的业务关系

。数据的可演变性

。数据的质量及版本

。数据的战略价值

。数据的货币价值

　　源数据与目标数据的业务关系必须紧密，契合性越高，业务价值越高。业务价值通常指数据（源数据）对实现业务目标的贡献，贡献越大价值越高。

　　数据的可演变性是指数据本身是否具有较强的可"转换性"，即转换成其它数据集的潜力。它表现为一套数据集可根据不同的业务需求演变成多套数据集的能力大小。原则上来说，字段数越多的数据集演变性越强。

　　数据质量是由数据本身的错误性、前后一致性和连续性决定的。错误概率，先后顺序中的矛盾性越低，时间上的连续性越好，数据质量就越好。而这一切很多时候是与数据（集）的版本有关的，最新版本永远是第一选择。

　　数据的战略价值是指对组织具有战略价值。如是否有助于提升竞争优势、创新和整体业务。对日常运营情况的反映是否全面等。

　　数据的货币价值是指当它被作为商品被购买、出售或交易时，本身具有的货币价值。这在从第三方获取数据时表现尤为明显。

2.4，数据源中数据的可操作性

　　数据的可操作性非常重要，是数据质量中不可或缺的一环。它包括数据在其整个生命周期中的准确性、一致性和可靠性。维护数据完整性对于确保数据的质量和可信度至关重要，从而支持有效的决策和业务流程。查看数据的可操作性可依据一下几点：

。一致性：一套同质性的数据经常是由来自于不同的数据源（表）组装起来的，要保证组装后的信息是统一且连贯的。

。完整性：保证所要采集的数据包含所有必要的信息，没有缺失值或间隙。不完整的数据可能会导致知识差距，并阻碍获得有意义的见解。

。准确性：源数据必须是能反映了所表示实体或事件的真实状态。拼写错误、缺失值或不正确的条目等，不准确之处可能会损害数据完整性。

2.5，数据源之间的关系

数据只有整合使用才能发挥出它的威力！这就需要有来源多样的数据源组合使用。既然要组合使用数据，就要考虑并评估数据源之间的关系价值。例如，你要利用数据对一个领域、或地区内的事物进行评估，进而进行决策，除首先评估数据源本身价值外，对各数据源之间的"关系"同样要进行价值评估，如人与事物之间、人与事件之间、人与环境之间、人与人之间等，要明确清晰它们之间的"关系网络"。"关系"的是否密切、是否重要、是否连接性很强等都是要考虑的评估因素。这是前义所述构建"数据源网络"的基石！

二．数据识别

在数据的采集过程中，有时数据量非常大，各数据集之间有时具有很高的相似度，如在一些大企业/组织内部，对同一质的数据记录常会有差别，有的全面，有的准确，有的清晰，有的模糊；在使用社会公开数据时，数据的相似度，差异性尤其值得注意。为了避免错误的抓取，误判和抓取后出现的各种管理（如存储方面）混乱等，这些都会直接影响后续的数据应用工作。为了做好数据识别工作，需要做好以下工作：

2.1 清晰的数据源档案

这部分是指记录数据源清晰，对组织、数据库/文件、科研过程、传感器、网站等数据"产地"均需做出明确地标识，记录有关数据来源的详细信息，例如负责收集或提供数据的名称、组织/个人，数据记录的明确定义，采集的技术方法，收集的时间等，并做出相应的报表/文件由技术人员严格执行。

此外还应包括数据的格式，例如 CSV、Excel、JSON 或数据库格式，元数据的定义，记录数据的结构，包括字段、行/列或变量及其含义。

做好这一部分的目的是后续工作中一旦出现疑问、争议及错误时方便追踪溯源。

2.2 数据与业务需求的契合度

这部分是指要做好被采集的数据确实是你"想要的数据"。做好这部分工作的主要人员是业务分析师（BA），而不是 DT/IT 技术人员。只有熟悉业务性质的 BA 人员才能识别数据源中数据的"准确性"和"价值"的高低、区别数据源中数据的"相似型"和"差异性"，避免错误地采集了"错误的数据"。

2.3 数据的验证

这部分主要包括数据清理、错误检测和数据验证程序。目的是避免数据的错误引用造成后续工作的"前功尽弃"。在数据输入和处理过程中实施验证和验证过程，这有助于在错误影响数据完整性之前识别和纠正错误。

一， 数据收集

在完成了数据评估和数据识别后，接下来需要开始数据的收集（活动），主要包括：

- 数据收集程序的编写（如 Python）
- 数据收集设备的设置/调试（如传感器，传输设备等）。
- 防病毒感染
- 数据检测

数据收集程序是指为获取所需要的数据而采取的技术手段，它包括人工录入、工具代码的编写（如 Python 等），数据源的搜寻及确认等。

数据收集设备的设置/调试主要是指使用传感器收集数据的活动，包括对传感器和相关网络通信设备的参数设置和设备联调。

防病毒感染是指在数据收集活动中防止外部病毒随着数据下载出现在企业/组织内部的系统中而采取的防范措施。

数据检测是指对下载后的数据进行必要的检测，包括数据在下载/传输过程中是否有丢失，遗漏和病毒感染等。

这些活动都是为了确保数据收集过程中不会或尽可能少地出现不必要的误差，疏漏或病毒感染，以致影响数据的准确性和正确性，也保证数据和系统的自身的安全。

二， 数据储存

在"生数据（Raw Data）"被下载或传输收集后，需马上对它们进行储存。储存须按照之前制定的数据存储方案执行，如储存是使用文件（如 CSV 格式）还是数据库等。

如果使用文件承载下载的生数据，目录的管理/访问架构须做出详细地说明文件。

如果使用数据库承载下载后的数据，数据人员须按照事先设计并做好数据库，包括完成相应数据表及其记录属性的设置。

生数据的储存非常重要，数据存储时有几个关键任务及注意事项需要清楚，以确保高效、安全和有组织的数据储存。以下有关数据储存的任务列表：

。数据存储要求
。合适的存储技术
。数据分类
。数据备份
。数据监控

数据的存储要求在硬件上包括环境要求，如数据中心的建设等；在软件上要注意定义对历史版本的数据的存储，这可以帮助你跟踪更改历史、必要时可根据需要恢复到以前的数据状态，并维护数据随时间演变的记录。

合适的存储技术包括选择硬盘驱动器(HDD)、固态驱动器(SSD)、云存储还是网络附加存储(NAS)，同时要考虑访问速度、容量、可扩展性和成本等因素。

数据分类是指建立数据分类表和数据字典，以便未来处理调用时不致出现混乱。

数据·备份及恢复是指对存储的数据要进行保护，要有备份数据存在。建立备份和恢复策略可以防止数据丢失。定期的备份数据，并测试恢复过程以确保其有效性。

数据监控是指对采集数据的存储进行监控，它包括设置监控系统来跟踪数据源的性能和运行状况，一旦发现"异常"要及时采取相应措施，以保证后续数据的使用不受影响，并实施定期维护任务，例如优化查询和更新索引。

就总体而言，本篇重点对数据采集的整个过程进行了详细的分解，包括数据评估、数据识别、数据收集、数据储存等步骤，下面介绍一个实际的应用场景，希望它能使读者能够更深入地理解本篇的内容。

以下是某地区建立的智能环境监测系统中的数据采集应用场景，包括以下活动步骤：

1、数据评估：

设定数据采集目标：评估和监测城市地区的环境条件，通过监测关键环境参数以改善城市生活条件。

定义数据评价标准：空气质量、温度、湿度、噪声水平、污染指数。如：

空气质量：测量 PM2.5、PM10、二氧化氮（NO2）、二氧化硫（SO2）和臭氧（O3）等污染物的浓度。

温度和湿度：捕获环境温度和湿度水平。

噪音水平：记录噪音污染水平，以确定噪音干扰较高的区域。

定义数据业务分类：定义数据的类别及技术属性。

数据保障技术：使用先进的传感器和物联网设备来收集并传输实时环境数据，并建立可靠的采集"环境"（如安全的采集站等）以保证数据收集的可靠性。

2、数据识别：

设置可识别的数据源：在城市的各个位置安装传感器。如：

空气质量传感器：安装在交通路口、工业区、住宅区。

气象站：战略性地分布在整个城市。

噪声传感器：放置在人流量大的城市地区。

定义被采集数据类型：定义空气质量指数、温度和湿度的结构化数值数据，噪声级别的非结构化音频数据。

定义数据库的元数据：将每个数据点的地理坐标、时间标签和环境参数都设定为元数据。

数据准确性：对来自各传感器的数据进行准确性评估，确认其符合业务要求。

3.数据收集：

数据收集方法：使用传感器持续收集数据，并通过物联网设备进行传输。

数据收集频率：实时数据流和定期批量数据更新。

数据集成：将各种传感器收集的数据集成到集中系统中。

用户参与：提供供用户报告环境问题的移动应用程序，以补充传感器数据的不足。

4、数据存储：

数据存储设施：使用基于云的数据存储设施，可实现灵活的可扩展性。

建立数据源档案：按照数据分类，建立对应的源数据数据库。

数据安全：整个采集过程实施数据的加密，包括传输/访问控制，对传输中和静态的数据实施端到端加密，访问控制确保只有授权人员才能查看敏感信息，从而保护敏感的环境数据。

备份和恢复：定期进行环境数据备份以防止数据丢失，并具有强大的数据恢复机制，最大限度地减少停机时间。

可扩展性：设计的存储系统可以适应随着时间的推移不断增加的环境数据量。

5、用户互动：

公式仪表板：建立用户可以访问的、显示实时环境参数的可视化仪表公示板。包括显示实时数据、历史趋势和公民报告。

数据警报：在出现严重环境条件时自动向用户和相关当局发出警报。

历史数据分析：定期公布数据报告，用户可以通过应用程序查看环境变化的历史趋势和模式。

6、好处：

环境意识：提高公民对当地环境条件及其影响的认识。

决策支持：当局可以根据实时和历史数据做出有洞察力的、明智的环境改良决策。

社区参与：公民积极参与报告环境问题，可以培养社区责任感，让公民通过数据报告功能积极为环境监测做出贡献。

这个应用场景概述了智能环境监测系统数据收集的综合方法。数据评估、识别、收集和存储各步骤的集成，能够确保监测和分析环境条件下的强大而高效的系统。该场景还概述了智能环境监测系统的组件、功能和优势，为构建有效且有影响力的解决方案奠定了基础。

本篇的内容提供了一份较全面的数据采集指南，适用于对数据处理和分析感兴趣的读者，特别是那些希望深入了解数据采集流程和技术方面的人员。

第三篇 数据整理

数据整理是本书的重中之重，之前我们完成收集的数据还只能叫"生数据"，商业价值低，而且还裹挟着大量的"泥沙"，不能直接拿来使用，尤其不能用来直接产生高质量的"商业报告。这部分的数据的特点是：

- 。数据量大且繁杂

- 。数据中"杂质"多

- 。数据的可读性差

- 。数据的实用性低

- 。数据的商业价值低

- 。数据的沉睡时间长

因此为了解决这些"生数据"的问题，提高数据的实用性，就必须对这些"生数据"实行"数据整理"（通俗地讲：数据处理）。这一节的内容主要是关于如何"驯化"数据。

数据处理，通俗地来讲，它就好比开饭店的厨房做菜，饭店不会把刚采购来的"生肉"、"生菜"等直接拿给客人去吃，必须先进行"厨房"加工成"菜"才能端上桌让客人去吃。数据整理的过程就好比"厨师做菜"，"生数据"就好比那些"生材料"，必须煮熟了才能被"消费者享用"，而你"烹调"的好坏（数据质量）直接决定了你的"客户群体"。

数据整理分为三个阶段：

- 。开发(Development---Dev)

。质量测试(Quality test---QA)

。应用部署(Deployment---Dep)

数据整理主要包括以下内容:

1) 数据处理方法论
2) 数据分析
3) 数据处理方案
4) 数据转换
5) 数据质量检测
6) 数据试运行
7) 数据迁移
8) 数据投产
9) 维护与技术支持

一，数据处理方法论

数据处理的方法论是指在 Dev 阶段数据处理的"工作流程"应该遵循什么样的"逻辑思想"。目前在数据处理上最通常使用的方法论是"SDLC(Software Development Life Cycle)"，意思是：软件开发生命周期。它主要包括以下主要流程:

。分析（Analysis）

。设计(Design)

。实施(Operation)

。质量测试(QA)

。应用部署(Deployment)

。维护与支持（Maintenance and Support）

分析（Analysis）是指围绕项目的范围、目标、时间表和资源。评估项目的可行性，包括项目的技术、运营和经济性，并制定项目计划。

设计(Design)是指数据处理系统设计，根据收集的需求设计系统架构。它包括设计软件组件、数据架构、接口设计和网络架构。

实施(Operation)是指对数据处理系统开始建设，如进入编码阶段。

质量测试(QA)是指在系统建设初步完成后，对系统软件进行测试，以识别和修复其错误并确保其满足指定的要求。测试包括单元测试、集成测试、系统测试和用户验收测试。

应用部署(Deployment)是指一旦测试完成并且系统被认为是稳定的、成功的，它就会被部署到最终用户可以访问和使用它的生产环境中。

维护与支持（Maintenance and Support）是指在应用部署完成后，系统进入维护阶段。此阶段包括解决出现的任何问题、解决用户反馈以及对软件进行更新或增强。

二，数据分析

数据分析是指在开发阶段数据处理的技术人员（Data Technical staff，之后简称为：DT 人员）对 BA 人员制定的 BA（业务分析）报告进行详细的分析理解，明确之后的技术方案如何设计。这部分的理解主要涵盖以下部分：

。源数据结构

。数据源

。数据转换过程

。数据转换规则

。数据存储

1) 源数据结构

数据结构的理解包括数据属性，如数据的类型（Data Type），长度/精度，是否有"Key"的属性等；还包括数据的用途描述（Data Description）和数据（集）之间的逻辑关系和物理关系，这对之后的数据模型设计至关重要的。

2) 数据源

明白数据源是什么？数据在哪里？哪些数据需要获取？数据源是关系型数据、还是非关系型数据？是这一步需要明确的。

3) 数据转换流程

数据转换（ETL）流程主要是指：源数据转换---中间数据转换---目标数据转换

Source		Stage		Target
源数据		中间数据		目标数据

包括理解各个转换环节的"输入/输出"及关系。

4) 数据转换规则

　　数据转换规则及是数据变换的规则，包括数据清理规则和数据转换规则。这些都要按照 BA 要求定义清楚。

5) 数据存储规则

　　这部分主要是规定数据在"源---中间---目标"各个阶段的数据库"存在"规则，包括源数据库、中间数据库和目标数据库的定义。

　　在分析阶段，DT 人员一定要于 BA 人员密切沟通配合，DT 人员一定要充分并正确理解 BA 报告中的内容，以避免之后出现不必要的错误，以致造成"返工"事情，增大时间成本等。

三，数据方案设计

数据处理方案的设计，内容包括：

。物理数据模型（Physical data model）

。数据映射法则(Data Mapping)

。ETL（Extract---Transformation---Load）过程设计

物理数据模型是指阐述数据（集）之间物理关系的逻辑图，按照 BA 报告中的逻辑关系图设计制定。

数据映射法则是指源数据演变为中间数据，中间数据如何演变成目标数据的法则。为何叫"映射（Mapping）"？，以数据表为例，是指一种"列对列（字段名对字段名）"之间的数据交换，

这种交换是按一定的关系"公式"进行转变的，反映数据表（文件）中数据记录的"源端"到"终端"的"列对列"变化。例如：

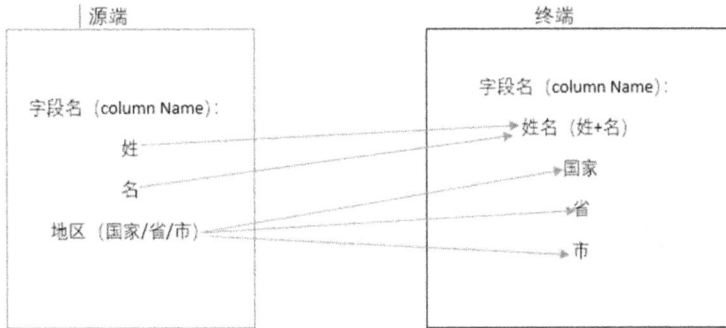

这种转变的关系"公式"在 BA 业务报告中必须阐述清楚，它包括数据类型，记录的数学变换公式和各种变量/参数的设定。如果没有，DT 人员必须向 BA（或相关业务主管）人员问清楚，DT 人员不能自作主张拟定。这种"映射"贯穿整个数据整理过程，涵盖源数据，中间数据和目标数据的变换阶段。

数据映射法则的建立是数据"冶炼"的核心之一，是一个非常重要、且不可或缺的内容。

ETL 过程是指 E: Extract(吸取)、T: Transformation（转换）、L: Load（加载），即是指数据的从数据源(Source)被"吸取"，然后进行数据内容/格式的"转换"，然后再将转换后的数据放入数据库（文件）中进行保存的过程。

ETL 的过程是非常重要的数据处理过程，决定着后续的数据报告的数据基础。ETL 的设计是非常考验 DT 人员技能的一环，包括：

。针对 BA 报告进行业务分析

○ 数据源系统分析

○ 数据结构分析

○ 数据映射

○ 元数据定义

○ 数据转换

○ 性能测试/改进

○ 单元测试（Unit Test）

针对 BA 报告进行业务分析是指 DT 人员充分理解业务流程，按业务要求的指定确定源数据是什么？在哪里？以什么样的状况存在？数据变换按什么样的业务需求进行？等等。此阶段是 DT 人员与 BA 及业务人员互动最多的阶段，也是最考验 DT 人员综合素质的阶段，尤其是 DT 人员的"亲和力"、"交流沟通能力"和"文化适应"能力。

数据源系统分析是指 DT 人员须明确要"吸取"的源数据在哪里？是以什么状况（关系型数据还是非关系型数据？如是数据库或 XML 文件）存在的？及如何访问（接入）这些数据源做出相应技术设计。

数据结构分析是指对要"吸取"的数据进行"结构"分析，如字段（数据的列）的数据类型，精度及是否某些字段带有某种"Key"的属性等，此外还须确认源数据是否涵盖"业务分析"报告中提及的所有数据内容。

　　数据映射这里是指完成"源端"数据到"终端"数据的"交换"陈述，即将 BA 的业务变换要求实行"技术（IT）化"。在这部分必须明确陈述"源端"数据内容和"终端"数据库（文件）的数据结构。

　　元数据定义在这里主要是指对要生成的"终端"数据结构的元素（如数据库表中的各种属性）命名，流程（如工作流，数据流）命名进行"语义化"定义。"语义化（Naming convention）阐述必须按照"业务分析"报告中的要求进行，如"终端"数据库（文件）名称、数据表的表名、内部列的名称（字段名）、数据类型、精度、"Key"属性（如 Primary key（主键）、Foreign Key（外部键））、访问"路径"及数据处理流水线中的各种"对象（Objects）"定义等。

　　数据转换设计是指在完成上述工作后对数据处理的"操作性"设计，包括：

。数据清洗政策（主要是数据的叫错政策）

。映射规则的"公式"化

。中间函数/变量的定义

。源数据集，中间数据集和目标数据集的流程及转换定义

。数据处理流水线

。ETL 过程出错信息的搜集

　　为方便之后的数据处理工作，应将数据处理设计成"流水线"结构：

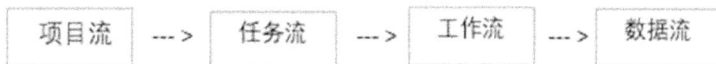

项目流 ---> 任务流 ---> 工作流 ---> 数据流

项目流（是指为完成项目的目标而建立各种"事物对象（如参数等）"的过程，包括算法/编码的设计。

任务流是指为达到实现项目目标而设立的各种子任务及它们之间的工作程序（先后）关系，包括各种相应的"事物对象"的建立。

工作流是指为完成各项任务而设立的具体工作以及它们之间的工作关系，同样包括各种相应的"事物对象"的建立。

数据流是指为完成工作流中的各种工作而需要完成的数据转换程序，如非关系型数据转换成关系型数据，完成数据清洗、数据质量检查、数学公式等。

ETL 性能(Performance)测试/改进设计是指在 ETL 完成其基本"转换"任务后如何对其进行的"性能"测试。它的目的是对 ETL 的运作流程进行"优化"，以求用最短的时间完成指定的"任务"。

单元测试设计是指如何对 ETL 流程的正确性进行验证，采用什么样的技术手段及步骤去验证数据变换是否按业务分析报告中的要求正确执行，是否有数据丢失，数据重复加载到"终端"数据库（文件）等。

四，数据转换

本节讲的"数据转换"是指数据处理系统的建设实施，又称为"数据建筑（Building）"，就是把之前完成的设计"一砖一瓦"地用代码把它们"码"起来，是建筑"数据处理流水线"和检验其质量及纠错的过程。

　　"数据处理流水线"是为了提高数据处理的"生产力"而建造的，它是由多套（种）标准化代码组形成的，具有模块化程度高、参数可调性强、功能性明显、组合灵活、数据流/工作流逻辑明确、整体工作性及纠错能力出色的特点。不同的"流水线"担负不同的任务。它出现在以下的 ETL 过程中：

　　数据流水线 Stream 1 是在源数据处理阶段，针对源数据的清洗/验证和转换。

　　数据流水线 Stream 2 是在源数据向中间数据输出阶段，将源数据的结果输出到
中间数据处理阶段。

　　数据流水线 Stream 3 是中间/过渡数据处理阶段的 ETL，完成过渡数据的技术处理。

　　数据流水线 Stream 4 是将中间结果数据"摆渡"到目标数据处理区。

　　数据流水线 Stream 5 是完成对中间结果数据的整理并加载到数据存储系统。

　　每条数据流水线均包括以下过程：

。数据摄取
。数据处理/转换
。数据存储
。数据质保
。数据线性能优化

数据流水线构建完成后，数据转换任务（Job）将正式开始，这时的主要工作是开展流水线的质量检测和纠错。流水线的质量检测是通过"任务"的运行来进行的，它包括：

。任务运行结果的检测

。错误信息分析及纠错

。流水线性能的评估

任务运行结果的检测是指对数据流的结果数据进行检测/验证，通过验证结果数据的正确性和完整性来证明"流水线"的设计和建造的正确性和合理性。

错误信息分析及纠错是指对流水线运作过程中出现的错误/故障进行分析，找出造成错误/故障的原因从而改进流水线的有关配置，保证流水线运行能得到要求的结果。

流水线性能的评估是指在流水线在成功完成上述 2 步后，为进一步优化其工作性能(Performance)所做工作。这一步的主要任务是：

。验证流水线的软件编码成功完成其任务所耗费的时间是否可以被接受？是否存在进一步优化的可能？编码性能的验证须分布进行，划分各子任务测试和总任务测试。如 ETL 过程测试可以划分成 "E 过程（Extract 吸取）"、"T 过程（Transform 转换）"和 "L 过程（Load 加载）" 三个子任务过程（甚至可以分的更细），然后再进 行 ETL 总测试，以观察如何进行进一步的优化。

。验证支持流水线运作的相关硬件配置是否合理？如服务器的内存容量、服务器内 部的总线 I/O（输入/输出）、OS（操作系统）的参数配置、通信网络的速率及延时等因素对数据流水线工作运行的影响。

五，数据质量测试(QA)

在本节中所做的质量测试包括"单元测试（Unit Test）"和"环境测试"。

单元测试是指在开发阶段使用"开发数据"，在"开发环境"下对"流水线"的结果数据进行检查，包括结果数据记录与源数据的记录是否"一致"，是否存在数据丢失，数据复写等现象，从而检验流水线算法的准确性/正确性。这一步是由 DT 流水线开发人员完成。

环境测试是指在 QA 阶段使用接近"生产数据"的"测试数据"，在接近"实际应用环境下对流水线工程进行'可应用'"测试。这一步由专业 QA 人员进行，DT 人员配合，对 QA 测试过程中 QA 人员反馈的问题对流水线进行相关技术检查/纠正（必要时需要有 BA 人员配合），并将纠正情况反馈回 QA，由 QA 人员再测试，直至完全通过测试。

数据测试阶段包括系统地测试"流水线"的编码/算法以识别和修复错误并确保其满足指定的要求。测试可以包括单元测试、集成测试、系统测试和用户验收测试。

一旦测试完成并且"数据流水线"被认为是稳定的，它就会被部署到最终用户的、可以访问和使用它的生产环境中。

本小节的内容属于上面提到过的"数据质保"的内容。

六，数据试运行

数据试运行是指将 QA 验证通过的项目代码集成（如流水线，数据库等）部署到"生产环境"里。这部分的活动包括::

。 项目代码集成部署进实际生产环境

。 在实际生产环境中进行最终测试

。 运行监控

。 培训

。 技术文档

项目代码部署包括服务器设置，数据系统入住等。

在实际生产环境中进行最终测试是指所开发完成的数据系统必须在生产环境下得到最后的验证。

运行监控是指对数据流水线的运行进行监控，包括性能及问题/故障。

培训是指开发人员对生产应用人员的技术培训。

技术文档是指把整个数据整理过程中、各环节产生的独立技术文件汇集成系统性的文档留存，以便日后数据流水线及相关配置随业务需求的变动时提供技术支持。

七，元数据迁移流程

以上我们按照 SDLC 的方法论对数据的整理做了系统地描述，在数据整理的 3 个阶段：Dev---QA---Prod 之间，各阶段元数据的"交接"是非常重要的，它直接关系到下一个阶段工作的连贯性、准确性和可运行性。元数据迁移流程关系如下图所示：

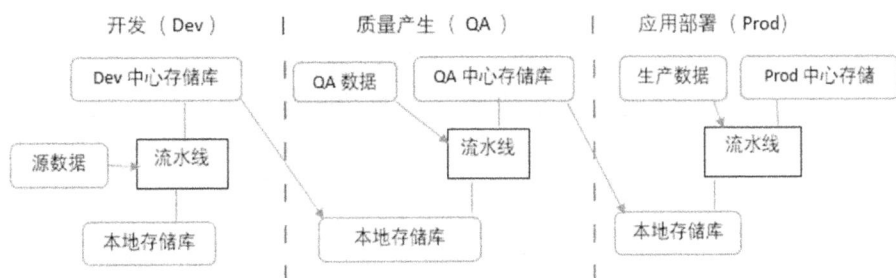

开发阶段在完成后，其所有的元数据都须存在其"本地中心存储库"中。由 QA 人员将其调入 QA 的"本地存储库"中，并在 QA 环境里复制出相同的数据处理"流水线"，使用 QA 测试数据（其内容贴近"生产数据"）在此流水线上进行测试，并对运行结果进行分析是否符合实际业务情况。QA 通过后，将全部有关的元数据存入 QA 的"QA 中心存储库"中。应用部署部分的人员则将此部分元数据全部调入 Prod 的"本地存储库"中，并在 Prod 环境里复制出相同的数据处理"流水线"，使用"生产数据"在复制出的流水线上运行测试，并对结果进行分析，如果发现问题及疑问将打回给 QA，QA 再打回给 Dev，由开发人员负责解决，然后再重走一遍 Dev---QA---Prod 测试，直到完全通过为止。

八，数据投产·

Dep 阶段成功通过后，数据处理的"流水线"验收全部完成，在获得企业/组织最高相关管理层批准后，项目进入"Go Live"(实用开始)阶段，企业/组织此时才能正式开始进行"数据处理"工作。这时"数据流水线"产出的数据才是合格的"熟数据（Curated Data）"。

九，维护与技术支持

在数据处理系统正式进入"生产环境"工作后，它就进入维护阶段。此阶段包括解决出现的任何问题、解决用户反馈以及对"生产系统"进行更新或增强。为了保证数据处理系统，尤其是数据处理"流水线"的正常运行，并及时发现出现的各种异常现象及错误，应建立相应的监控系统（程序），对结果数据进行检查，以确保数据的正确性。

对结果数据的监控检查包括以下内容：

。数据的完整性

。数据的一致性

。数据的准确性

。数据处理流水线的状态

。工作日志文件的检查

数据的完整性是指对结果数据进行数据"丢失"检查，以确保无数据漏传。

数据的一致性是指对结果数据的内容进行检查，以保证数据记录与实际数据采集结果在性质上保持一致。如数据的更新结果是否一致等。

数据的准确性是指结果数据的数据属性，如数据格式会否发生变化，如是否有"空格"的特殊字符在世数据处理或传输过程中被加到了数据记录中。

数据处理流水线的状态是指对数据流水线的工作情况进行监控，如工作效率是否有显著变化，是否处理数据时间突然变长等。

　　工作日志文件的检查是指对系统的"日志(Log)文件"进行定期检查，检视运行信息记录，分析系统（流水线）的运行状况，发现"异常状况"痕迹，对及时排除系统"隐患"提供支持。

　　部署完成后，软件进入维护阶段。此阶段包括解决出现的任何问题、解决用户反馈以及对软件进行更新或增强。

　　本篇主要是对数据整理、处理方法论、数据分析、数据方案设计和数据转换、数据质量测试等步骤进行了概括性的介绍，强调了它们在数据处理过程中的关键性。同时强调了数据整理在商业中的重要性，特别是指出"生数据"存在的问题，如包括数据量大、繁杂、可读性差、商业价值低等。这为后续数据处理的必要性提供了清晰的背景。

第四篇　数据存储

　　本节所述的数据存储是指对"数据流水线"正式投产后产生的结果数据（也叫 Curated data---俗称"熟数据"）的存储。这些结果数据是企业/组织日后设计/制作"数据报告"的基础。

　　存储这些结果数据的数据库在架构上必须是与 Dev（开发阶段）设计制作完成的"目标"数据库拥有完全相同的"元数据"配

置。从数据安全起见，这些数据库与日后需要经常访问的数据库须分开，但有着密切的关系，如数据内容上存在着"镜像"关系等，以防止出现数据不一致的混乱情况。

数据的存储与企业/组织内部的数据政策密切相关，是企业/组织自建数据中心进行存储还是外包给"第三方"去执行？取决于企业/组织的自身状况（如财务状况）。因为数据存储的建设不仅包括设备硬件/软件配置，还有更重要的是"环境建设"，如机房、安保及维护等。这些都是企业/组织在建设数据存储"环境"时必须考虑的因素。

结果数据的存储在性质上分为两大类，一种是"档案"性的；一种是"访问性"的。

"档案"性的数据存储是指一旦存在，基本上是属于"外人"不能碰的东西，绝对保证数据存在的"原始状态"。

可"访问性"的数据存储是指承载数据的数据库是可以被内部/外部访问的，它们的内容仅涵盖部分、亦或全部与"档案"性数据库里的数据一致。"访问性"数据库是属于可公开/半公开性质的，它的目的是"便于访问"。

1，数据存储规则

制定"结果数据"存储规则必须包括以下内容：

。数据的业务分类

- 容量规划

- 数据的版本控制

- 历史数据归档

- 数据的所有权

- 数据存储系统技术文档

- 数据存储安全政策

数据的业务分类是指根据企业/组织内部的业务流程、各节点的任务等对储存结果数据进行分类，也包括对元数据，主数据和交易数据的分类存储。

容量规划是指对数据存储需求现在及未来扩展做出规划，确保存储基础架构可以扩展以适应不断增长的数据量。

数据的版本控制，由于在数据整理过程中，会由于时间等的变化出现不同历史版本的数据。哪些版本的数据要保留？哪些版本的数据要删除？历史版本数据保留的时间多长？等等，都在版本控制范围内，这有助于防止不同版本之间的数据不一致导致的混乱。

历史数据归档是指对不经常访问的数据或历史数据建立归档流程。如根据年龄、相关性和使用模式定义数据归档标准。它包括数据定义、模式详细信息以及构建过程中所做的任何假设。文档对于将来的参考和促进团队成员之间的协作很有价值。

数据的所有权是指数据（集）为哪个部门所有，这对之后的数据访问及使用，数据安全关系极大。

数据存储系统技术文档，包括有关存储硬件/软件、配置、访问控制和数据分类等的信息，是数据管理必不可少的一部分。

数据存储安全政策，数据存储的一个最重要的因素是"数据安全"，在之后的章节中会重点讲述。

2，数据存储系统

数据存储规划的另一项内容就是"数据存储系统"的建设，它包括：

。数据库（文件库）/仓库建设

。数据服务器

。数据储存环境

。网络

。数据管理

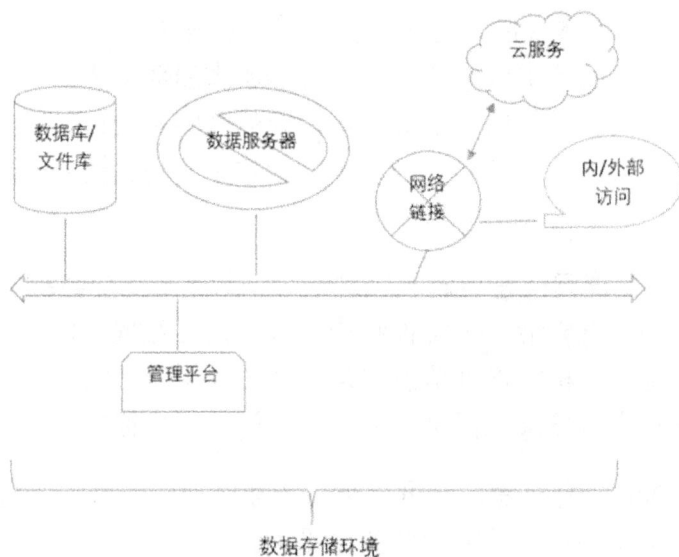

数据存储系统环境示意图

数据库（文件库）/仓库建设是指承载数据的"数据库/仓库"或承载文件的"文件库"的建设，包括数据分类设计，储存结构设计，访问设计等，包含各种相关"数据对象"的定义及参数的设置等。数据库的建设包括主/备份数据库的内容。目前应对海量数据的存储和管理技术是数据仓库和数据湖。数据湖主要是面对非结构化数据的存储，数据仓库主要是面对结构化数据的存储。

数据服务器是指承载数据库（文件库）的硬件服务器，如数据库服务器。数据服务器的硬件配置必须能满足足够大的内存，硬盘容量和 I/O（输入/输出）能力，以应对向数据仓库和数据湖这样的数据存储。

数据储存环境是指数据"居住"的环境，如数据存储介质是使用磁盘/磁盘阵列，光盘还是磁带？是否需要专门的机房？相应的机房环境，如温度、湿度、清洁度及安全性。要根据数据的特点选择合适的存储介质。例如，对经常访问的数据使用高性能存储，对不常访问但仍然重要的数据使用归档存储。

网络是指连接数据服务器的数据网络，包括数据库服务器，网络设备（如路由器，HUB 集中器，云服务等）及控制服务器等。

数据管理是指对数据存储的管理，包括技术支持，访问管理，第三方服务提供管理，数据内容监控等。

本篇主要列举了制定"结果数据存储"规则时需要考虑的内容，包括数据的业务分类、容量规划、版本控制、历史数据归档等。这些规则对于建设可靠的数据存储系统至关重要。同时也介绍了数据存储系统的建设，包括数据库建设、数据服务器、数据储存环境、网络、数据管理等。提到了数据库建设包括主/备份数据库的内容。并清晰地区分了两大类数据存储，即"档案"性的和"访问性"的。说明了档案性的数据存储是保证数据原始状态的，而访问性的数据存储是可被内外部访问的，且便于访问的。

第五篇　数据访问

数据的访问是指对可"访问性"数据库的访问建立"访问制度"。企业/组织的数据"可访问性"是数据"可应用"的重要内容。它的目的就是要更好地发挥出数据的商业/社会价值，避免出现或解决已存在的数据"沉睡"现象。但数据一旦提供"可访问"服务，就必然会带来数据的安全风险，为了降低这种风险，就必须建立"数据访问制度"。数据访问制度也是属于保护被"驯化数据"的范畴。

1，数据访问制度

要想数据可以被"访问"，第 1 步是要建立可供"访问"的数据库，这一点在上一篇已经讲述了；第 2 步是要建立数据的"访问制度"，它主要包括以下原则：

- 易于接入/访问
- 访问控制
- 数据分类
- 用户培训/反馈
- 数据更新
- 周期性审计

易于接入/访问是指可访问的数据源易于用户接入，包括访问速度、网络的可靠性等，并且数据内容易于阅读。

访问控制包括的内容比较多，其目的是控制和规范对数据的访问，确保只有经过授权的个人或系统才有权与特定数据集进行交互。这种控制对于维护数据安全、隐私和遵守法规至关重要。它包括（但不限于）：

- 数据的分级

- 访问权限

- 接入认证

- 访问监控

- 故障恢复

- 事件响应

数据的分级是指对需要存储的数据，根据其敏感性、机密性和关键性定义数据的类别或级别。例如，将数据分级为公共、内部、机密或受限访问。

访问权限是指根据用户角色和职责限制数据访问内容。使用身份验证和授权机制确保只有经过授权的个人/系统才能访问某些类型的数据。对供应商或第三方实体的数据访问权限建立强有力的控制，确保仅在必要时才授予访问权限，并遵守合同协议和安全标准。

接入认证是指对申请访问数据的用户进行身份验证，包括用户名/密码身份验证、多重身份验证(MFA)或生物识别身份验证。同时也包括上下文访问控制，即将数据访问的上下文考虑在内，例如用户的位置、访问时间或正在使用的设备。

访问监控是指实施日志（Log）机制来记录用户对数据访问活动。定期监控访问日志，跟踪存储使用情况、性能和潜在问题，并检查磁盘 I/O、吞吐量和时间延迟等因素，以检测和调查任何可疑或未经授权的访问企图，并根据不断变化的需求分配和重新分配存储资源，以及是否实施缓存和索引机制以加快数据检索速度等。

　　故障恢复是指数据存储系统在遭遇技术故障或外部攻击（如勒索软件等）造成服务中断后，在最短的时间内恢复访问服务而制定的措施，如启动备份数据系统等。

　　事件响应是指在发生数据泄露时要采取的、以减轻与未经授权的数据访问相关的安全事件的处理程序。

　　数据分类是指按业务功能及用途对数据进行分类，并按分类结果对数据进行访问安全分级，如公共、内部、机密或受限访问等。

　　用户培训/反馈是指为用户提供有关数据访问策略和安全最佳实践的培训。确保用户/员工了解自己的责任以及未经授权访问的潜在后果，并搜集用户/员工的反馈以改进访问制度。

　　数据更新是指如何快速地使用最新数据代替过时数据，包括制定数据更新的时间表等。数据的及时更新是保证"数据可用性"的重要一步，也是最基础的一步。过时的数据的存在，不仅会造成数据的混乱，更会增加业务决策上的错误风险，甚至使数据"可用性"无从谈起不说，还占用消耗了大量的存储资源。

　　周期性审计是指周期性实施审核机制来跟踪数据访问、修改和存储使用情况。定期查看日志以检测任何可疑活动或异常情况。定期进行访问审查，可以确保访问权限与用户当前角色和职责相符，以及服务质量的状况等，并通过执行审核以验证数据访问策略的合规性。

2，数据访问系统

数据访问制度的建设只是数据访问系统建设的一部分。数据访问系统的建设包括如下内容:

- 。数据源建设

- 。访问网络/渠道建设

- 。数据访问制度建设

- 。数据转换

- 。数据系统备份/恢复

- 。管理队伍建设

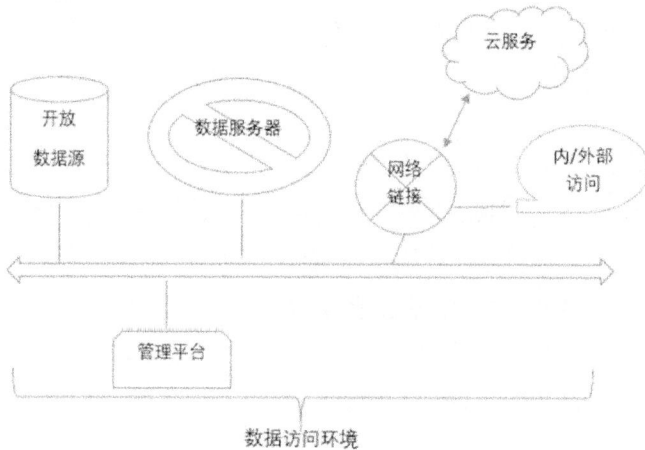

数据访问系统环境示意图

数据源的建设包括数据源、数据储存中心和数据库。

数据访问网络建设包括企业/组织内部计算机网络和外部通信网络建设；数据访问渠道建设是指下列建设：

- 数据访问通道

- 数据分发渠道

- 数据通信渠道

- 数据整合渠道

- 数据可视化渠道

数据访问制度建设，前文已述。

数据转换是指对"外放"数据进行必要的数据格式、数据可读性、加密等方面的工作。

数据系统备份是指对重大的业务服务的保护，防止数据访问访问不致中断（或长时间中断），以致出现用户"索赔"等事情的发生。

管理队伍建设包括企业/组织内部的业务人员和 IT/DT 人员。

1) 　数据源建设

这里说的数据源包括可供访问的数据库（或文件库）、数据服务器和承载这些的机房（或平台）。数据源的建设包括数据需求定义、数据源的选择、可"外放"的数据分类、数据结构设计、数据收集、数据内容/质量审查、数据转换、数据备份及可扩展性计划等。

数据需求定义是指根据数据访问提供的目的和目标，清楚地阐明数据开放访问的要求。确定所需数据的类型、所需的格式以及任何特定属性或特征。

数据源的选择是指对"外放"的数据包括数据库、外部 API、文件、流数据、传感器或其他系统进行确定。这一点与上一篇所讲的单纯数据储存最大的不同在于"审核/选择"，如"公共数据"和"公开数据"的差别。对于可供"访问"的数据部分要兼顾自身和访问者的双边需求。

数据分类及结构设计是确定如何组织和存储数据，以实现高效操作并满足特定算法或应用程序的要求，需按照下列原则：

。按照数据性质对数据分类，包括元数据、主数据和交易数据
。按照业务类别对业务数据进行分区划类
。按照数据易于检索及易于维护，如使用"树形"结构和"哈希"值表。
。考虑数据访问的"并发性"，采用线程安全、同步机制以避免竞争出现。
。选择适当的数据类型来表示数据结构中的元素，它取决于数据的性质
（例如整数、字符串、对象）以及需要执行的操作。

数据源数据的集中收集和数据内容/质量审查是指按照业务需求及法规规定使用适当的方法从已确定的来源收集数据。这会涉及到查询数据库、使用数据集成工具、连接到 API 或为流数据设置数据管道。

2)   访问网络/渠道建设

数据访问网络/渠道是建在 NoDS 上的业务网络，它包括：

。数据访问通道

这是指用户或系统访问数据的各种方式。包括直接数据库查询、应用程序接口、Web 服务、API（应用程序编程接口）等。

。数据分发渠道

这是指数据分发给不同用户、部门或系统的渠道。这将涉及到数据导出、数据馈送、数据仓库或其他机制。

。数据通信渠道

这是指支持数据访问通道和数据分发渠道的"物理"技术网络，包括网络、通信协议和数据传输方法。

。数据整合渠道

这是指将各种来源的数据集成到一个统一的，语义化的业务视图（Business View）中的过程。目的就是方便用户或访问者在庞大复杂的数据库中，易于发现/阅读/理解/查阅数据。ETL（吸取、转换、加载）流程、数据管道和集成平台都是这些渠道的示例。

。数据可视化渠道

这是指用于可视化数据和解释数据的平台或工具。例如仪表板、报告工具和可视化软件等。目的就是将数据"形象"地展示给用户/访问者，使数据"一目了然"是它的原则。

3）数据转换

这部分的建设是指对"外放"数据进行必要的数据格式、数据可读性、加密等方面的工作。它涵盖:

。数据清理和转换

是指清理和预处理"外放数据",以确保质量和一致性。这涉及处理可能发生的数据缺失值、删除重复项、标准化格式以及将数据转换为可用的结构。

。数据的可读性提升

这一步的目的是提升数据的可读性,即将"外放数据"进行语义化的改造,将一些难懂的业务术语转变成易于大众理解的"词语",易于用户/访问者对数据的理解,是"便民化服务"的重要一环。

。数据的安全性

由于牵涉到数据的"外放",就要实施安全措施来保护数据的机密性(如安全审查,防止泄密而采取的必要数据转换政策)、完整性和可用性。对数据的加密、访问控制(如分级制)应遵守数据保护法规。

4)数据系统备份/恢复

为防止意外技术事故或外部攻击导致访问系统停机或崩溃,应是需求建立相应的数据备份系统,以防止数据丢失和服务中断,同时保证数据系统在遭受故障或其他灾难时能及时恢复关键数据。快速恢复数据的正常状态同样非常重要,这一步一个重要的衡量指标就是"恢复时间"的长短。定期备份数据，并测试恢复过程以确保其有效性是访问系统经常要做的工作。

5）管理队伍建设

为了持续保证数据质量和服务质量，定期对系统的监控和验证数据的质量，以确保准确性和可靠性非常重要。这可能会同时涉及自动检查和手动验证工作，因此建立相应的管理队伍是非常重要的。管理队伍以 IT 人员为主，相应的业务部门设专人配合。

管理队伍的另一项任务是建立监控系统，跟踪观察数据源/访问渠道的性能和运行状况，并实施定期维护任务，例如优化查询和更新索引等。

3，数据访问社会价值

建立社会化的数据访问体系是非常重要的，以以下应用场景举例说明：

在一个医疗领域内，建立"异地"医疗检查结果的"互认"制度体系，就是一种基于前述的"数据访问"体系之上的体系。姑且称为"医疗数据互认平台"（这个名称在以后的篇章中还会提到）。

在甲地的医疗检查结果可以上传并存储在基于"互认"制度建立的"医疗数据互认平台"上。在乙地的医疗机构的医务人员可以通过访问该平台去获取患者在甲地的医疗检查结果，无需患者自带病历资料四处奔走（这对病历资料本身安全也是一种风险）。

其工作流程如下：

1) 乙地的医务人员对患者进行"身份验证"，通过甲地+患者共同提供的"安全数据"认证后接入患者病历。

2) 乙地医务人员检查甲地开具的"病历资料"是否健全。

3) 乙地医务人员开展本地医疗工作

4) 乙地人员上传本地检查及诊断结果到"医疗数据互认平台"上，以便其它地方（包括甲地）的医务人员使用。

社会价值所在：

1) 由于病患病历资料放在医患双方信任的"第三方平台"，不用患者随身携带，手工递交给医疗机构。从而增加异地医务人员对病患病历资料的信任度，减少医患之间的不信任感，减少医患矛盾发生的机率。

2) 节省医患双方的就医时间，提高医疗机构的运转效率

3) 减少重复检查带来的各种资源消耗

4) 减少社会医保资金及个人医疗费用的开支

5) 促进社会医疗共同体的建立，提高医疗服务能力及提升医保基金的使用效率和就医患者的就医体验

6) 等等...

数据访问平台的安全挑战：

毫无疑问，建立这种公共性的"数据访问平台"（如上述的"医疗数据互认平台"）首先面临的便是数据安全性问题，主要体现在：

。数据的可靠性

。数据的不可篡改性及私密性

。数据存储备份

。数据系统的灾难恢复

数据的可靠性体现在数据源的价值性及权威性。

数据的不可篡改性，以"医疗数据互认平台"为例，患者病历资料（数据）包括文字资料和影像资料，必须保持"不可篡改"性。数据的私密性，是指数据的保密性及不可泄漏性。

数据存储备份，是指防止数据（如上例中的病患资料）丢失而采取的安全措施。

数据系统的灾难恢复，是指数据访问平台系统在遭受人为受损及自然灾害时，对数据访问系统服务能力的恢复能力（包括服务恢复时间长短等）。

在保障"数据访问平台"的质量上，使用区块链技术是必不可少的选择。区块链技术本身带来的"不可篡改性"是最好的技术保障。它对诸如"医疗数据互认平台"的资料保护能起到"不可或缺"的作用。

本篇主要提供了对数据访问概念、制度建设和系统建设的详细说明。，强调了"可访问性"对于数据的商业/社会价值的重要性。指出了建立数据访问制度以保护"驯化数据"的必要性。也介绍了建立数据访问制度的原则，包括易于接入/访问、访问控制、数据分类、用户培训/反馈、数据更新、周期性审计等。这些原则对于确保数据访问的安全性和合规性至关重要。同时也强调了建立数据备份系统应对灾难对于企业/组织的重要性。

第六篇　数据报告

数据报告是指根据企业/组织的业务需求而做出的"情况报告"，它通常是报告企业/组织内部或相关外部的情况，包括现状，趋势及评估等。数据报告是一个总称，它涵盖各种"情况报告"，如商情报告、农情报告、天情报告，军情报告等等。数据报告也是一种"数据产品"，属数字资产的范畴。它是一种数据价值的"形象"体现，且其价值一般难以评估。

数据报告是将"熟数据"转化为可操作的"见解"的过程。这种"见解"能够帮助企业/组织在对未来的"预判"中，降低不确定因素出现的机率。它在指导组织内部明智的决策方面发挥着关键作用。完成数据报告涉及一个系统过程，包括数据收集、分析和解释。本文提供了有关如何完成数据报告的全面指南，强调了关键步骤和最佳实践。

如果说我们之前讲的"数据整理"是关于如何"驯服生数据"，那么本节所讲的内容就是关于如何"驾驭熟数据"。

数据报告不是单纯的数据集（包），它是一种数据分析文件，解释并反映数据对现状和未来的展示，包括历史趋势和未来趋势。对企业/组织来说，它体现的是一种发现、见解或结论，能够帮助管理层了解形势、辨明好坏、改进现状、权谋未来。数据报告普遍用于商业、研究和其它各个领域，向利益相关者、决策者或普通受众传达数据分析的结果。

1，数据报告的组成

数据报告的关键组成部分通常包括：

。目标和范围

。数据源

。方法

。数据呈现

。数据分析与解读

。结果/结论

。讨论/建议

。适用范围

目标和范围是指提供报告概述，包括目的、范围和任何背景信息。它还可以概述通过数据分析解决的问题或目标。是整个报告流程的基础。

数据报告按不同的目标和范围（或维度），可以划分成"粗数据型报告"和"精数据型报告"。

1)　　粗数据型报告

是指数据颗粒度（granularity）较"粗"的报告。指的是数据的细节或精细程度不**够**，但综合性、数值的"累计"性很强的数据。如月报告、半年报告及年报告等。意味着数据被较大范围地汇总或概括。

2)　　精数据型报告

是指数据颗粒度较"精"的报告。指的是数据的细节或精细程**度**较高或很高，但汇总度和综合度很低的报告。如反映每分钟、小时、天、周等的数据变化情况的报告。

以上两种数据类型的报告可以通过技术手段进行转化。如对现有数据进行细化处理，增加数据的详细程度，或反之进行汇总式处理；使用数据挖掘和分析工具，从现有的"粗"数据中提取更多细节和洞察，以此实现数据报告的"粗/细"转化。

数据源是指描述数据分析中使用的数据来源，包括有关数据采集/识别方法、时间范围和任何相关上下文信息的详细信息，是与前述目标相符的相关数据源。数据可能来自内部数据库、外部 API、电子表格或其他系统。

方法是指解释用于分析数据的方法和技术。这包括用于得出见解的任何统计方法、算法或模型。要根据目标选择适当的分析方法。无论是统计分析、机器学习算法还是其他技术，所选择的方法都应与数据的性质和要解决的问题相一致。

数据呈现是指通过图表、图形、表格或其他可视化方式直观地呈现数据和了解数据的特征。利用图表、图形和直方图等可视化来识别模式、趋势和异常值视觉展示，可以使观众更容易理解复杂的模式和趋势。

数据分析与解读是指分析数据并解释结果，数据报告的一个重要目的就是"分析数据"，包括关键的观察结果、趋势、相关性以及分析过程中发现的任何统计显着性。

　　结果/结论是指总结分析的主要结果和要点，通常以简洁的方式强调最重要的发现。

　　讨论/建议是指讨论结果的含义，包括对潜在原因、建议或进一步调查领域的见解，并根据从数据分析中获得的见解提供建议，这在寻求可行见解的商业或研究报告中是常见的。讨论潜在的应用领域，可以在当前发现的基础上进行未来研究、分析或数据收集。

　　适用范围是指阐明与数据或分析相关的任何限制或约束。这种透明度对于准确解释报告的调查结果非常重要。

　　数据报告可以采用多种格式，包括书面文档、幻灯片演示或交互式仪表板。格式通常取决于目标受众和所传达信息的复杂性。清晰有效的沟通是数据报告的关键，以确保利益相关者能够根据所提供的见解做出明智的决策。

2，数据报告的数据基础

　　数据报告是依据正确的数据来源制作，这种"正确的数据来源"就是来自它的"数据基础"（Data Foundation）。为数据报告打造"数据基础"(也称"数据基座")的目的是为了增加数据报告制作的灵活性和有效性，即一个优良的"数据基础"可以制作出众多目标不同的独立数据报告，同时它也是数据分析的"数据基座"。

　　数据报告的数据基座指的是报告中使用的数据的底层结构和质量。强大的数据基座对于生成准确、可靠且有意义的报告至关重要。数据基座是由 DT 人员按照 BA 人员制定的"业务分析报告"为基准进行建设的，它包括以下基本要素：

- 数据源的确认及连接

- 数据的商业化语义层

- 数据模型

- 数据转换

- 数据质量

- 数据文档

数据源的确认及连接是指选用哪些数据库数据作为数据报告的数据来源，以及如何链接这些数据库到你的数据报告制作工具上。

数据的商业化语义层是指以被连接的数据库中的数据表为基础，建立一个"语义化"的数据"视窗"系统，这个"视窗"系统是一个独立于数据库的业务层，位于数据库基层数据表的"上一级"。它同时链接多个数据源（库）。用户可以访问这个链接了多个源数据的统一视窗，而无需直接访问底层数据集。这个"视窗"系统是以"对象"（Objects）为单位进行构建的，它里面的"对象"都是具体"语义化"的业务描述，如：时间（年月日）、客户、地点、价格等，便于使有者（通常使用者不具有很好的技术背景，难以明白晦涩的技术词语）明白业务含义，且能在不暴露原始数据的安全情况下完成数据集成。这个"视窗"如下图所示:

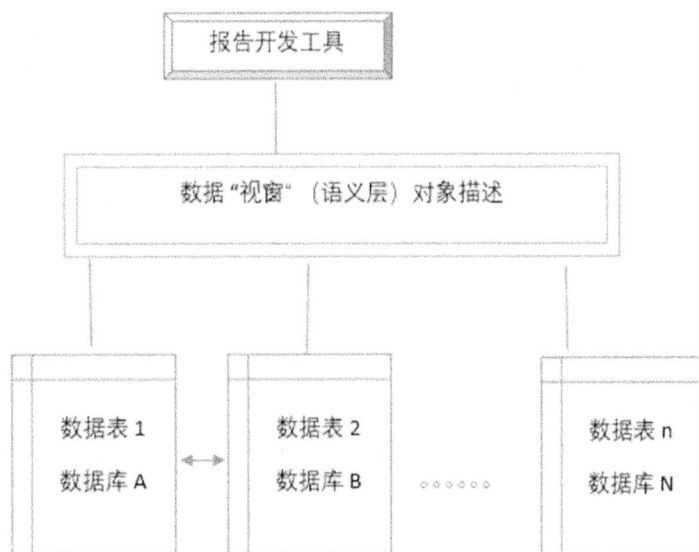

图 1

数据报告的开发者操作"报告开发工具"直接从数据"视窗"中按所需的"对象"调取数据，制作数据报告，而不用关心数据库及其中的数据表是何结构及内容。

数据"视窗"系统的架构采用"二级制"，每级的数据的名称由专业性极强的术语"转换"成通俗易懂，贴近业务惯例的"词语"，以便数据报告开发者容易观察、发现和择取数据。业务数据"视窗"的"语义层"分为二级：

。业务归类级(Class)

。业务对象级(Object)

业务归类级，是指按照业务的需求对来自多个数据源的多个数据表中的"对象"数据进行"语义化"归类，即是按照所须建立的"数据对象"进行归类。所谓的"语义化"就是将数据库中之前为方便数据处理而使用的"技术名称"转换为企业/组织内部日常使用

的、口语化明显的"业务对象"名称，（如前述），以使非技术性
（如非 IT）的业务人员能够容易地明白数据的含义，在制作业务
分析报告时不致出现错误调用数据的情况。这种"转换"不是一般
意义上的"名称改变"，而是一种"映射"关系。

业务对象级，是指对"数据对象"的内容进行构建，如"产品对
象"，内容包含：编号、材料、生产地点、人员等。在这个过程
中，实现具体的"映射"定义是极为重要的。

数据模型是指为已被指定为报告数据源（库）的数据（表）
依据业务关系（BA 报告中拟定的），建立"对象"，并使其具有相
互依赖关系（逻辑关系）的数据模型。如下图：

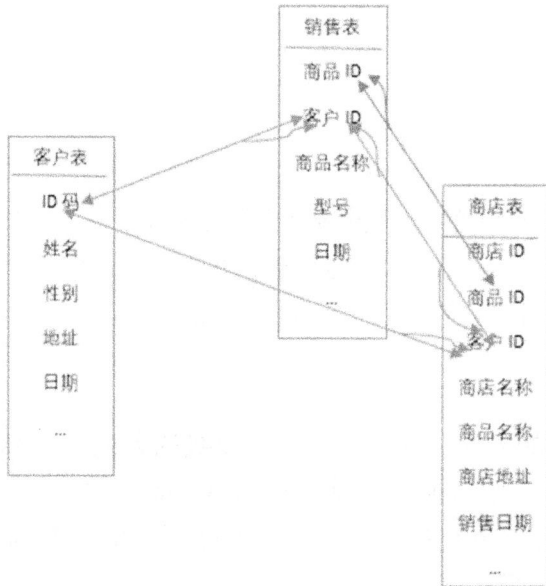

"对象"之客户表中的 ID（识别码）与销售表中的客户 ID 具有
"一对多"的关系（即客户表中一个客户会对应销售表中的多条记
录）；客户表中的 ID 码与商店表中的客户 ID 也具有"一对多"的关
系；销售表中的客户 ID 与商店表中的客户 ID 具有"多对多"的关
系（即销售表中一个客户记录会对应商店表中多条客户记录，反
之亦然）。

　　数据模型中的多个数据表可能来自多个不同的数据源
（库），模型中的各种数据间的依赖逻辑关系在建数据基础时要
用编码正确地嵌入并标识出来。

　　数据转换，这里是指完成从数据表中的数据到"数据视窗"里
的"对象"的"映射"过程。它包括数据格式、数据换算和数据记录
安全性设置。以下是转换关系图：

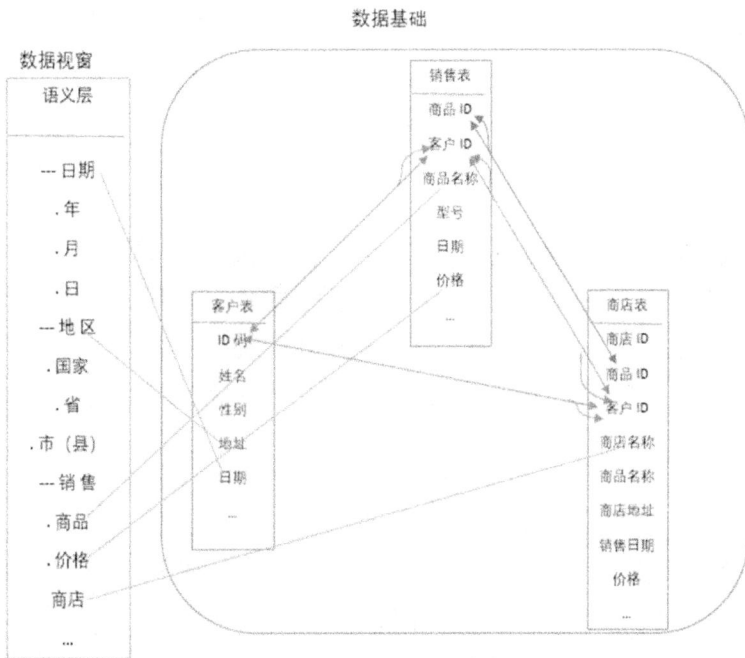

此处的数据格式主要使用以下两种：

。字符格式

。可计算的数字格式（如整数/浮点）

数据换算是指将数据表中的记录数据"变换"为"视窗"里的数据对象，变换规则（如数学变换公式等）来自于 BA 报告，涉及数据清理、重塑或聚合数据以进行分析。这可能涉及处理缺失值、标准化数据或转换数据类型。

数据记录安全性是指对敏感数据"记录"加密，即有些记录是有"安全级别"设置，一旦"记录"进入数据报告后，同一份数据报告，在电子媒体上阅读时，某些账户、某些身份的人可看（如经理），某些人不能看（如一般职员）。保护数据的机密性，实施安全措施、访问控制和加密，以保护敏感信息并防止未经授权的访问是数据报告的一项重要任务。

数据质量是指对进入"数据视窗"的数据进行质量检测，是数据基础中重要的一步。这涉及检查准确性、完整性、相关性、一致性和时效性。数据质量问题（例如在数据报告制作过程中出现数据复写，数据遗漏及数据引用错误），可能会影响报告的可信度。

数据的完整性是指数据的"整体性"和"无缺失性"。通过确保保留不同数据之间的关系和依赖关系来维护数据"整体性"，这涉及防止数据重复、强制引用完整性以及适当处理更新和删除。验证数据集是否完整无缺、并包含分析所需的所有信息是它的"完整性"。不完整的数据可能会导致有偏见或扭曲的结论。

数据相关性是指验证为报告选择的数据是否与所解决的目标和问题相关。不相关或无关的数据可能会给分析带来噪音和混乱。

数据一致性是指确保整个数据集的一致性。这包括一致的测量单位、标准化格式以及遵守定义的数据标准。不一致的数据可能会导致误解和错误。

数据准确性是指通过与已知来源交叉引用数据或进行数据验证过程来验证数据的准确性。不准确的数据可能导致错误的结论和错误的决策。

数据时效性是指考虑数据的及时性。确保报告中使用的数据是最新的并反映业务或系统的当前状态。过时的数据可能会导致过时的见解。

数据文档是指记录数据基础，包括数据源、数据定义以及任何假设或注意事项的文件。包括对元数据全面维护的描述数据特征。元数据包括有关数据源、数据定义和所应用的任何转换的信息，它帮助提供了理解数据的上下文。清晰的数据文档有助于提高透明度、可重复性和协作性。

在实施数据报告的"数据基础"建设时，还要实行数据治理，建立管理数据的政策、标准和程序。这包括定义人员角色和职责、确保遵守法规以及维护数据文档。

强大的"数据基础"可确保数据报告中呈现的见解的可靠性和可信度。彻底评估和解决这些基本要素对于生成支持明智决策并有助于数据驱动计划的整体成功的报告至关重要。

3，数据报告制作

数据报告的制作人员往往不是数据分析人员或管理层人员。数据报告的制作必须包括 BA 人员在内。数据报告的制作包括以下过程：

- BA（业务分析）报告完成

- 数据报告设计

- DT 人员完成报告制作

- 数据报告测试

- 数据报告设施投产

BA（业务分析）报告完成是指业务分析（BA）人员对数据分析人员/管理层人员提出的报告要求进行分析，包括目标，范围及结果等进行分析、概括和转换。完成相关的逻辑关系定义、数据流程图、数据模型、数据源的指定和数据转换规则，以形成系统性、逻辑性的阐述清楚的技术文档。DT 人员按照 BA 文档要求标准，在设计数据报告流程遵照执行。

数据报告设计是指对数据报告所依据的"数据基础"、数据报告格式和数据报告测试及验收进行设计。

数据基座的内容之前已经做过阐述，不再重复。

数据报告格式设计包括：

- 视觉风格

- 数据可视化

- 数据视觉层次结构

。报告执行摘要

视觉风格是指根据报告的"目标受众"，设计定制细节程度，以匹配观众对数据和技术概念的熟悉程度，在整个报告中建立一致的视觉风格。使用相同的配色方案、字体和格式来创建有凝聚力和专业的外观。一句话，让人一眼看上去就喜欢！

数据可视化是指使用适当的数据可视化（例如图表、图形和表格）来说明关键见解。选择能够有效传达信息且易于理解的视觉效果。

数据视觉层次结构是指以分层方式组织信息。使用标题、副标题和逻辑流程来引导读者阅读报告。通过大小、颜色或位置强调重要信息，并加入充足的空白以避免视觉混乱。精心设计的空白可提高可读性并强调关键元素。

报告执行摘要是指对主要发现和建议进行高级概述，使得忙碌的"利益相关者"能够快速掌握主要见解，并为所有视觉元素提供清晰简洁的标题和标签。确保读者无需参考文本即可理解每个图表或图表的上下文和含义。还要有策略地使用颜色来突出显示重要点或组相关信息。但是，请注意颜色的敏感性，确保报告以黑白色的形式保持可读性。此外，适当的标注和注释是必要的。

由于数据报告格式的设计牵涉到一定的"美学"知识，应适当的邀请"美工(Graphic Design)人员参与设计。

DT 人员完成报告制作是指 DT 人员使用正确的报告制作工具，依据已建立的报告数据基础，完成相关数据报告的制作。目前市场上流行有多种这样的数据报告制作工具，如 SAP Webi / Crystal report / Lumira，Power BI，Tableau，Excel 等。

4，数据报告测试

数据报告测试是指对已建好的"数据基础"和制作完成的数据报告进行的综合测试，以检验数据的采集、数据转换、模块衔接、报告制作、数据呈现、整体工作性能进行评估，确保数据报告制作体系的正确性、有效性及可靠性。以下是测试数据报告的步骤和注意事项：

。测试目标定义

。数据准确性测试

。可视化测试

。交互元素测试

。跨数据源测试

。报告的质量测试

测试目标定义是指数据报告关注哪些方面？是否需要测试数据准确性、可视化或整体可用性？等等...

数据准确性测试是指验证报告中使用的数据的准确性。可根据源数据交叉检查数据点并执行验证检查以确保一致性。

可视化测试是指评估数据可视化的有效性。检查图表、图形和表格是否清晰、且准确并传达预期信息。确保可视化是遵循了可读性的最佳实践。

交互元素测试是指如果报告包含交互式元素（例如，可点击的图表、向下钻取选项），请测试其功能。确保用户可以按预期与报表进行交互。

跨数据源测试是指数据报告使用的数据基础所连接的数据是来源于不同的·数据源，须测试其在不同数据源之间的兼容性。确保数据报告所使用的数据具有影响能力并正确地显示。

报告的质量测试是指对报告的可用性、一致性、性能进行的综合测试。

。报告的可用性测试是评估报告的整体可用性，包括检查报告是否易于访问、易于浏览，且用户可以找到他们需要的信息，并评估报告的语言和组织的清晰度。

。报告的一致性测试是确保整个报告中术语、格式和视觉风格的一致性。不一致可能会导致混乱。

。报告的性能测试是测试报告的性能，特别是当它包含大型数据集或复杂的可视化时，确保报告的上传/下载时间在可接受的时间范围内。

此外，在必要时，还要有一些辅助测试，如评估报告的可访问性时，确保它符合无障碍标准，使其可供残疾人士使用。

数据报告质量测试由专业的 QA 人员进行操作，分别在以下环境中进行测试：

。QA 环境测试

。生产环境测试

QA 环境测试是指使用接近"生产环境"的数据集对数据报告进行测试，并做出评估。此阶段发现问题，必须反馈给开发人员，由开发人员进行解答/纠正，然后反馈回 QA 进行再测试，直到所有问题解决为止。

生产环境测试是指使用"生产环境"下的真实数据对数据报告进行测试，并做出评估。此阶段发现问题，必须遵循"开发<---

->QA<--->应用"流程进行问题解决，直到所有问题得到解决为止。

5，数据报告投产

数据报告投产是指整个数据报告系统设施（包含以上所讲的本篇全部内容）在成功通过"生产环境"下的测试后，由三方人员（开发、QA、应用）共同签署项目完成报告，应用方人员完成所有的相关培训，并接收了所有的技术档案后，开发方正式完成系统移交给应用方，且双方签署必要的后期维护合约。应用方正式开始数据报告的生产。

本篇对数据报告的制作过程进行了深入浅出的介绍，强调了数据报告制作中"数据基座"的关键性，并提供了读者实际操作所需的详细步骤和注意事项。同时也详细介绍了数据报告的制作过程，包括数据报告的定义、组成、数据基座、制作步骤及相关的测试。也列举了当前市场上流行的数据报告制作工具，如 SAP Webi / Crystal report /Lumira，Power BI，Tableau，Excel 等。这有助于读者了解选择适用的工具进行数据报告制作。

第七篇　数据挖掘

首先，什么是数据挖掘？为什么要进行数据挖掘？

数据挖掘是指对数据的价值挖掘！因为**"数据能揭示出你想象不到的真相"**！！！

这一点必须切记！这是我们要开展这一项实践的宗旨！

所以我们要开展"数据挖掘"活动！

1，什么是数据挖掘？

数据挖掘是在大型数据集中发现模式的过程，涉及机器学习、统计和数据库系统的交叉方法。

数据挖掘的活动的内容包括通过分析大型数据集，发现模式、趋势、相关性或有意义的见解的过程，并从大型数据集中提取更多有价值的知识和见解。以下是执行数据挖掘的一些关键任务：

- 知识发现
- 模式识别
- 预测建模
- 对象细分

知识发现是指对数据集的知识发现。它涉及揭示数据中隐藏的模式、趋势和关系，从而带来新的见解和知识。

模式识别是指在大型数据集中对"模式"和"趋势"进行识别，这有助于企业/组织识别重复出现的行为或事件，这对于做出预测和明智的决策非常有价值。

预测建模是指根据历史数据创建预测模型。这些模型可以预测未来的趋势、行为或结果，协助企业/组织的战略规划。

对象细分是指对大型数据集中的各种数据"对象"进行进一步的细分。举例如下：

。在客户群方面，企业/组织根据使用数据挖掘，按照数据的共同特征和行为来进一步细分客户群（客户对象）。这种细分有助于有针对性的营销、个性化的客户体验和提高客户满意度。

。在零售业中，数据挖掘用于市场购物篮（market basket）分析，以识别经常一起购买的产品之间的关联。此信息对于库存管理和优化产品布局非常有价值。

。在医疗保健领域，数据挖掘可用于分析患者记录、识别疾病模式并发现变量之间的关系。这有助于改善诊断、治疗和医疗保健结果。

。在客户关系管理方面，数据挖掘可用来分析客户互动和行为。这有助于企业了解客户偏好、提高客户满意度并制定营销策略。

。在供应链管理方面，数据挖掘可以分析和进一步优化货物流动、预测需求并提高整体效率。这对于降低成本和改善物流至关重要。

。在人力资源领域，数据挖掘可用于分析员工数据，以进行劳动力规划、人才招聘和预测员工流动率。它有助于优化人力资源流程和决策。

。在教育领域，数据挖掘可用于分析学生表现数据、识别学习模式和个性化教育体验。这有助于教学方法的改进。

。在文本和情感分析方面，数据挖掘技术（包括自然语言处理）可用于分析文本数据和情感。这对于了解公众舆论、客户反馈和社交媒体趋势非常有价值。

。在科学研究方面，数据挖掘可用于分析实验数据、识别模式并做出预测。它加速了各个科学领域新见解的发现。

。在风险管理方面，数据挖掘可以通过分析历史数据来识别潜在风险并评估未来事件的可能性，在风险管理中发挥着至关重要的作用。这在金融、保险和项目管理中尤其重要。如在金融交易和其他领域，可以检测表明欺诈活动的异常情况和模式。它可以帮助组织识别可能意味着欺诈行为的异常模式。

。在电子商务领域，在线零售商考验使用数据挖掘来分析客户行为、偏好和购买历史记录。然后，这些信息将用于个性化推荐、优惠和整体购物体验。

从本质上讲，数据挖掘是一种强大的工具，能将原始数据转化为可操作的见解，促进各个行业和领域的数据驱动决策。它使组织能够发现隐藏的知识，预测未来趋势，并在当今数据驱动的世界中获得竞争优势。

2，数据挖掘的任务

数据挖掘涉及应用各种技术和算法从原始数据中提取有价值的知识和见解。数据挖掘的目标是发现可用于决策、预测和知识发现的隐藏模式和关系。以下是进行数据挖掘实践的关键方面：

。数据收集

。数据处理

- 探索性数据分析

- 特征选择

- 模型构建

- 模式发现

- 知识表示

- 评价

- QA 测试和验证

- 应用部署

- 持续监控和更新

数据收集，是指从不同数据来源收集大量数据。这些来源可能包括数据库、数据仓库、互联网、传感器和其他存储库。

数据处理包括数据清洗、数据预处理（包括数据转换）和数据存储。因为原始数据通常充满噪音、不完整或不一致。数据清洗包括消除错误、处理缺失值以及确保数据采用适合分析的格式。数据转换可以转换数据以满足特定算法的要求。转换技术包括归一化、缩放和编码分类变量。

探索性数据分析（EDA）是指涉及探索数据以了解其特征。此步骤可能包括汇总统计数据、可视化分布以及识别趋势或异常值。

特征选择，选择相关数据特征或变量对于有效的数据挖掘至关重要。不必要或冗余的特征会影响分析的准确性和效率。这个过程也叫特征工程，选择并设计相关特征（变量）以进行分析。特征工程可能涉及创建新特征、改造现有特征或选择最重要的特征进行建模。

模型构建，是指应用各种数据挖掘技术和算法来构建可以揭示数据内的模式或关系的模型。常见技术包括分类、回归、聚类和关联规则挖掘。

模式发现，是指发现数据中有意义的模式、趋势或关系。模式可以包括关联、序列、聚类或离群值。它是数据挖掘的核心目标。

知识表示，是指从数据挖掘中获得的见解以可理解且可操作的形式表示。这可能涉及可视化、报告或适合决策者的其他格式。

评价，是指评估发现的模式的相关性和有用性。这涉及评估模型的准确性和可靠性并确定其实际意义。

QA 测试和验证，与之前讲述过的数据处理、数据报告一样，数据挖掘方案同样需要经过 QA 的测试。QA 使用测试数据集验证模型，以确保其准确性和普遍性。此步骤有助于评估模型在新的、未见过的数据上的表现如何。

应用部署，是指从数据挖掘中获得的知识或模型被部署在决策过程中实际使用。这可能涉及实施建议、预测或优化。

持续监控和更新，数据挖掘通常是一个迭代过程，应定期监控模型和模式，并且随着新数据的出现，数据挖掘过程可能需要更新。

3，数据挖掘的逻辑流程

数据挖掘是一个数据来自于真实世界又回到真实世界的闭环流程。这个流程包括：

。数据需求

。数据收集

- 数据基座

- 探索性数据分析

- 建模和算法

- 数据可视化报告

- 数据产品

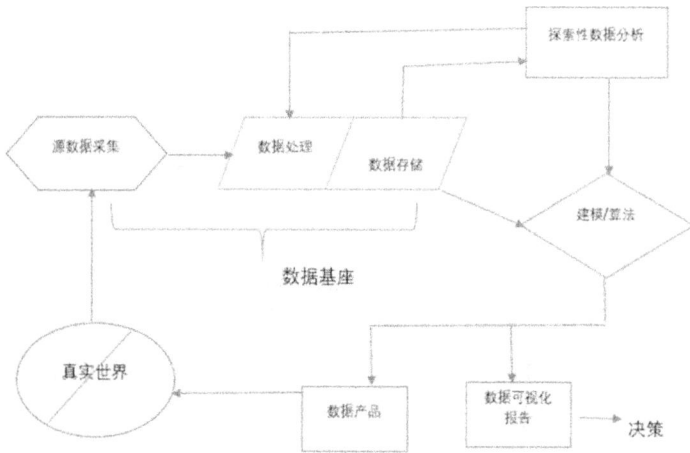

数据挖掘流程图

4，数据挖掘的数据基座

与数据报告一样，数据挖掘也需要构建它的"数据基座"。它的数据基座建设包括数据采集、数据处理/转换（ETL）（按照"探索性数据分析"确定的规则）和数据存储。这些过程与之前讲述的内容基本相同，不再重述。

5，数据挖掘的数据分析

在数据挖掘方面，其数据分析包括探索性数据分析（EDA）、相关性分析、统计分析、分析报告等。

相关性分析是指探索对象变量之间的相关性以识别关系和依赖性。相关性分析有助于理解变量如何相互作用，并且对于特征选择很重要。

统计分析是指应用统计技术来分析数据分布、测试假设并做出推论。统计分析有助于理解数据中观察到的模式的重要性。

分析报告是指准备一份综合报告，总结数据分析过程、发现和见解。数据报告应针对受众量身定制，为技术和非技术利益相关者提供清晰的理解。它的内容包括记录数据分析过程，包括采取的步骤、做出的决策以及任何假设；此外还包括结果解释，在解决的问题或问题的背景下解释数据挖掘模型的结果，了解数据中发现的模式和关系的含义。该报告文档对于透明度、可重复性和协作至关重要。

数据挖掘背景下的数据分析通常是一个迭代过程。随着新见解的获得或问题的发展，可能需要重新审视和完善分析。有效的数据分析对于从数据中提取有意义的见解、指导数据挖掘过程获得有价值且可操作的结果至关重要。它需要统计知识、领域专业知识以及数据挖掘工具和技术的熟练程度的结合。

6，数据挖掘的数据模型（Data Model）

数据的模型是指"关系数据"依据上述的数据分析结果而形成的数据"视图"，用于描述一项"事物"的组成形态。

举例说明，在时装业，要展示服装的"美"，就需要一个时装模特去协助。这个时装模特就是一个"Model"（模型），她拥有"三维"、身高、腿长、臂长、颈长、脸型等各项部位数据，而这些数据都是数据分析后的产物，各数据集之间具有稳定的逻辑关系。只有那些符合分析"结果"的数据（集）才能被选中，且按一定的逻辑关系来"组成"一个适合时装展示最佳"效果"的'模特'，这个模特就是"模型"（Model）。模型是用于揭示"模式"或数据内部的关系。

数据挖掘的目的之一就是在大量的数据里找出这种"模型"。

7，数据挖掘的数据模式 (Data Pattern)

什么是"模式"？简单来说，就是上面说的"时装模特"穿上"时装"（如旗袍、正装、休闲装等等），形成的"形象效果"，就是"模式"(Pattern)，用流行的话来说，就是"大模型"，它具有极强的"行业"性质。它是数据挖掘的最终目标。发现最佳"模式"（大模型）是数据挖掘的核心任务。

8，数据挖掘的流程原则

数据挖掘的流程原则包括设计流程原则和开发流程原则，图示如下：

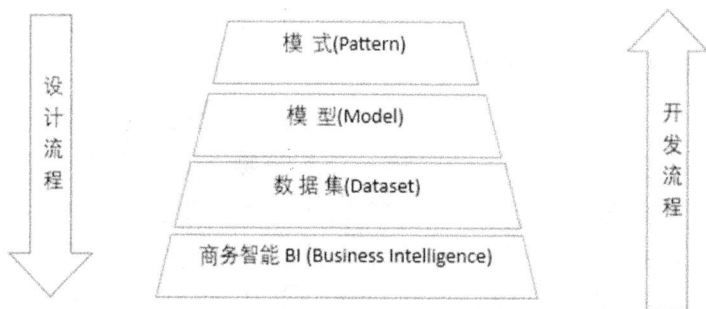

数据挖掘流程图

从图中可以看出，数据挖掘的设计原则是从上而下进行的；数据挖掘的开发原则则是从下而上进行的。两者方向正好相反。

9，数据挖掘的应用场景

出于道德考虑：随着数据挖掘的使用越来越多，隐私和数据安全等道德考虑变得至关重要。负责任地处理数据并遵守相关法规非常重要。

为帮助读者了解数据挖掘的应用，**下面给出一个现实中数据挖掘应用场景：制造业工厂中生产线上的"智能设备预测维护平台"**。

这个**项目的目标是**：通过预测设备的状态来维护设备的有效应用，提高其机械效率并减少停机时间。

项目开始之前，工厂生产线的工作情况如下：

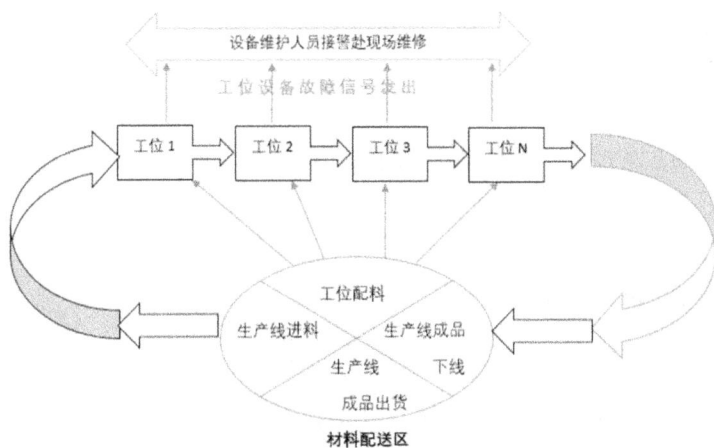

线上工位设备的维护情况一般是：工位设备发生故障、或在质检发现产品质量问题后，维修人员才会到达工位现场对设备进行检修。而在检修设备时发现85%以上的问题是由设备的控制参数值出现"异常"引起的，如拧螺丝的扭矩值变了，造成拧螺丝的力度不够而出现工位的工作不能继续进行，致使上述图中整条生产线生产停滞。后由维修人员现场调整参数或更换设备（如传感器），才能使设备正常工作。这种"停滞时间"少则几分钟，多则几小时不等。这给企业造成了额外是成本增加和生产效能的降低，也影响了在客户心中的信誉。

按照项目目标完成智能化改造后，工厂生产线的工作情况如下：

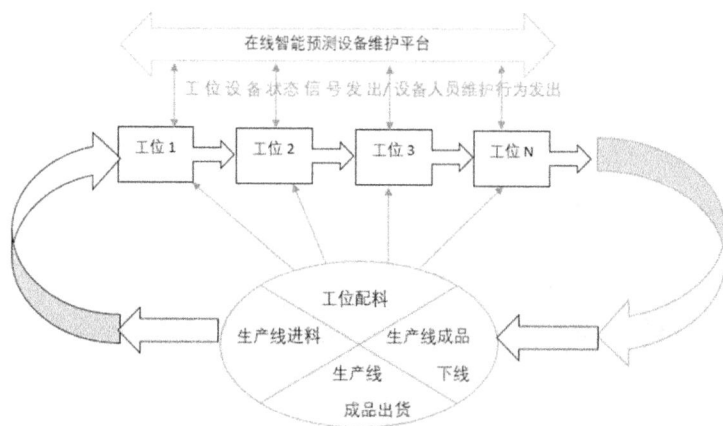

以上是"模式"的确定，项目开发的执行任务包括：

。在线监控/维护设备的数据需求

。工位设备数据收集

。建立设备维护数据基础

。探索性数据分析

。设备在线预测维护建模和算法

。模型/模式验证

。数据监控/可视化报告

。项目的成品---"在线智能预测设备维护平台"落地

第一步，在线监控/维护设备的数据需求

由于项目的完成是在挖掘现有数据价值的基础上进行的，BA及DA人员在这一步必须密切配合完成相应的BA报告，阐述清楚项目进行所需要是所有业务数据并进行相应的业务数据分类。如：

。实时/历史扭矩/扭力传感器数据

。实时/历史压力传感器数据

。实时/历史工位时间传感器数据

。设备维修、更换和日常维护的记录数据

。生产线生产数据

。……

第二步，工位设备数据收集

由于在各条生产线上都已建成了各种数据库，包括设备状态数据库和设备状态显示板。线上各工位的设备实时状态数据及恒定"标准数据"都会记录在其数据库中。如下图所示：

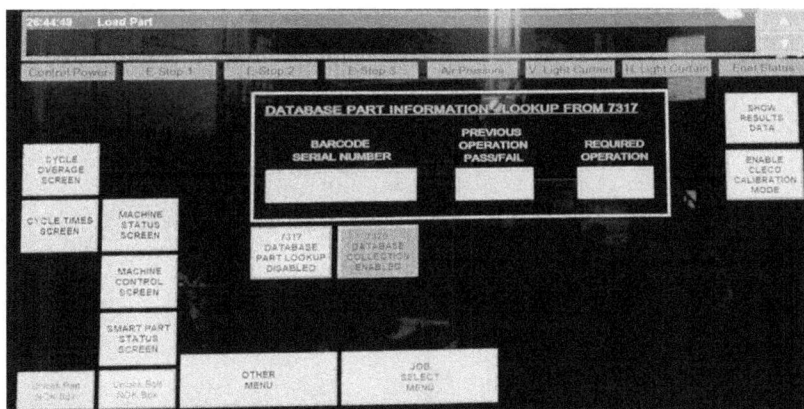

这一步的数据收集就是按照前一步的 BA 报告要求，确定所需要的数据源，将线上传感器数据、设备维护日志和生产数据合并为统一的数据集。将这些数据源/库中需要的数据聚集起来形成新的支持项目平台的数据库。

第三步，建立设备维护数据基座

这一步的工作类似于第六篇中的"数据基础"建设。目的就是建立用于数据挖掘的数据基座。

第四步，探索性数据分析

这一步的工作涉及探索设备的历史数据以了解其特征。此步骤包括汇总统计设备的历史数据、生成传感器随时间变化趋势的视觉表示及可视化分布，以及识别设备状态的历史趋势及设备状态异常值/缺失值出现的规律。进行相关性分析，探索传感器变量和历史维护事件之间的关系。并识别相关特征，选择对预测维护需求影响较大的传感器和生产变量。

第五步，设备在线预测维护建模和算法

这一步的工作包括发现历史数据中有意义的模式、趋势或关系。

1) 建立故障/隐患的识别模式，包括检测传感器数据中指示设备机械退化的模式。
2) 查明可能预示着即将发生的设备故障的异常检测模式及日常维护模式。
3) 采用异常检测技术来标记表明机器问题的异常模式。
4) 根据已识别的模式建立开发规则。
5) 完成模型解释：将机器学习模型输出转化为可操作的维护见解。

第五步，模型/模式验证

这一步的工作包括：

1) 测量预测设备维护模型的准确性、精确度、召回率和 F1 分数。收集维护团队的反馈以提高模型准确性。
2) 进行严格的质量测试，确保模型运行准确可靠及验证模型是否符合领域专家的知识和期望。

第六步，数据监控/可视化报告

这一步的工作包括：

1) 实时监控：持续监控传入的传感器数据是否存在潜在问题。

2) 模型更新：根据新数据和不断发展的模式定期更新预测维护模型。

3) 反馈循环：与用户保持反馈循环以解决任何问题并完善模型。

第七步，项目的成品---"在线智能预测设备维护平台"落地

这一步的工作包括：

1) 应用程序部署：将"在线智能预测设备维护平台"部署到制造环境中。

2) 在后台开发一个用户友好的界面，供维护团队访问预测和建议。这个界面包括但不限于以下内容：

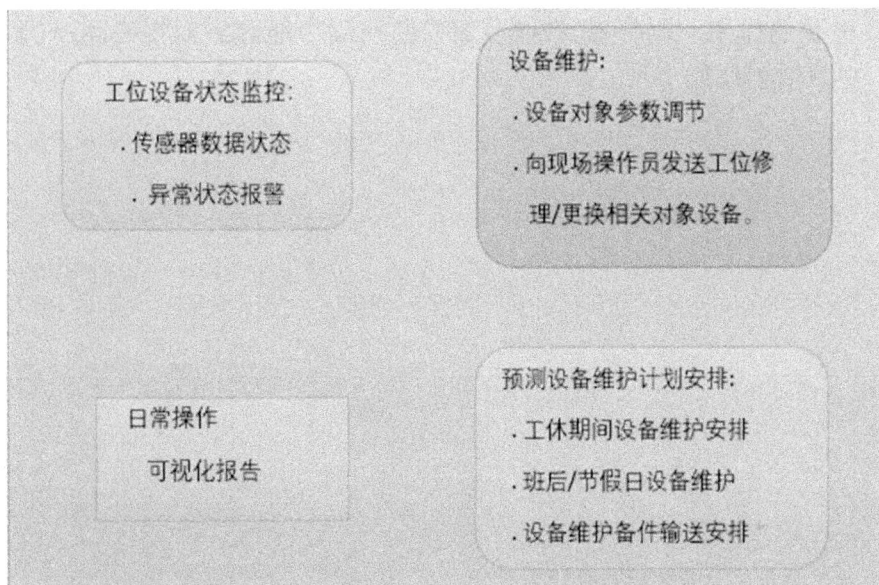

工位设备状态监控：
.传感器数据状态
.异常状态报警

设备维护：
.设备对象参数调节
.向现场操作员发送工位修理/更换相关对象设备。

日常操作
可视化报告

预测设备维护计划安排：
.工休期间设备维护安排
.班后/节假日设备维护
.设备维护备件输送安排

通过这个界面，可以做到：

1) 及时感知设备的状态是否正常、潜在故障发生概率，安排设备进行预防性维护。最大限度地减少意外的机械故障和相关的生产停机时间。

2) 节省成本：合理地调度维护人员，节省人力成本；优化维护计划，减少不必要的维护成本（如设备备件的储备等）。

3) 效率提升：各种传感器实时收集数据，运行指标一旦出现异常，系统自动预警，维护行动能够及时地展开，这样就提高了设备整体维护效率，同时延长设备使用寿命。

以上的应用场景说明了如何应用"数据挖掘"任务来通过预测性维护来解决制造业工厂中的现实挑战，利用数据驱动的见解来提高运营效率并降低成本。

总之，数据挖掘是一个多学科领域，结合了统计学、机器学习、数据库管理和数据可视化技术。它在将大型复杂的数据集转化为可操作的见解、支持明智的决策和知识发现方面发挥着至关重要的作用。同样在"数据要素*"的行动中能起到对提高生产力的"倍增"作用。

第八篇 数据安全

数据一旦被收集汇聚成数据源后，随之而来的就是数据安全问题。

数据安全是指保护静态和传输中的数据免遭未经授权的访问、披露、更改或破坏的做法。它涉及实施措施和保障措施以确保数据的机密性、完整性和可用性。数据安全对于保护敏感数据并防止未经授权的个人或实体访问这些数据至关重要，它涵盖了安全政策/程序的计划、开发和执行，它包括认证、授权、访问和审计（对数据和信息资产）。

数据安全的目的就是根据隐私/保密法规、合同协议和业务要求来保护数据资产。

数据安全的关键组成部分包括：

。数据安全管理

。数据安全监管

。数据安全控制

1，数据安全管理

数据已经成为了企业/组织的重要资产，这一点相信现在已经没有人怀疑了。因此对数据资源的管理也就显得格外重要！它已成为企业/组织管理中的重要组成部分。数据管理的一项重要内容就是"信息安全"管理。在企业/组织内部，信息安全管理政策的制定必须基于以下三大原则：

。数据的机密性

。数据的完整性

。数据的可用性

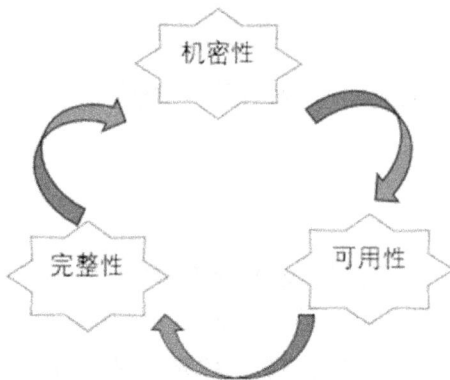

以上三大原则被称为信息安全 CIA（Confidentiality、Integrity、Availability）三合会。这三个安全概念即协同工作又相互依赖。

1) CIA 三大原则

按照国际信息系统安全认证联盟（ISC2: International Information System Security Certification Consortium）的解释，以上三大原则是指：

■ 机密性（Confidentiality）

CIA 三合会的首要原则是保密。保密的概念是限制授权用户和系统对数据的访问，并限制未经授权的访问一方。换句话说，机密性保证只有特定人员才能获知能够访问信息和资源。简而言之，保密的目的是防止对数据的未经授权的访问，因为它涉及查看、复制或移动数据。未能保护数据机密性的组织面临着违反数据保护合同和监管义务的风险。此外，知名企业违反保密规定通常会导致名誉受损，而这对他们有利竞争对手并可能影响他们的利润。

机密性的概念与安全最佳实践---最少特权密切相关，"最少特权"是指基于只有在需要知道时才应授予访问方对信息的访问权限。在最低权限下，访问方仅被授予"刚好够"的访问权限来执行其操作工作——即"特权"不能多也不能少。

隐私是与安全密切相关、要注重保密性的领域，特别是个人数据。它可用于唯一识别一个人的信息，例如姓名、出生日期和社会安全号码，被视为个人身份信息(PII)，法律通常要求对其高度保密。

社会上许多恶意行为均以数据机密性为目标，包括网络钓鱼、凭证（例如密码）盗窃、网络嗅探和其它社交工程形式等。除了恶意行为之外，机密性也可能因人为错误而受到损害，大意或疏忽。此类例子包括未能加密敏感数据、电子邮件发送错误，或在计算机显示器上显示敏感信息而未经授权的观众在附近。

机密性往往是数据所有者最关心的安全概念，有许多安全控制措施可以帮助实现这一点。加密，多因素身份验证和基于角色的访问控制都是一些有助于确保数据的机密性。广泛的人才培训是非常重要的举措，减少与人为错误和疏忽相关的风险。

■ 完整性（Integrity）

CIA 的第二个原则是完整性。完整性是维护数据和系统的准确性、有效性和完整性的理念。它确保数据不被授权方人员以外的任何人操纵，并且任何未经授权的操纵行为都应很容易地被识别。完整性的主要目标是确保所有数据保持完整、正确和可靠。未能正确保护数据完整性可能会对业务流程产生负面影响，包括不正确的信息导致人员由于以下原因而做出不当决定或可能有害的行为。

与机密性一样，完整性可能会因恶意行为、人为错误、大意或疏忽而受到损害。病毒、编写质量不佳的代码以及故意修改都是可能违反完整性的恶意威胁的例子。此外，当管理员在数据库中输入错误的命令、更改配置文件中的错误行、或者用户通过网络钓鱼电子邮件意外地将恶意软件引入其系统时，都可能会发生完整性违规。

数据备份、软件版本控制、严格的访问控制和加密哈希算法都是有效的手段，能防止未经授权的修改、或允许被篡改的数据恢复到已知的良好状态，帮助确保数据完整性。如同保密性、广泛的安全意识培训是防止非恶意诚信违规的一个主要手段。

真实性和不可否认性是与完整性密切相关的两个概念。真实性是指确保数据真实，并且均如各方所言。不可否认性是一项在信息安全领域具有很强相似性的法律原则；这一概念要求确保任何一方都无法否认其行为（例如创建、修改或删除数据）。

数字签名是用于在信息系统中建立真实性和不可否认性的最常见机制。

■ 可用性（Availability）

　　CIA 的第三个也是最后一个原则是可用性。可用性是一个概念：专注于确保授权用户可以在需要时访问数据。在企业环境中，可用性的概念需要提供合法的保证各方可以及时、不间断地访问他们需要的系统和数据，做好他们的工作。针对可用性的威胁可能会干扰甚至停止组织的商业运作。关键系统和数据的长期中断可能会导致声誉受损，造成损失客户和收入。

应与可用性一起考虑的相关概念包括：

　　a）可访问性是指用户需要的时候使用资源或访问数据的能力和难易程度。这涉及消除授权用户访问这些资源和数据内容的障碍。例如，想一下存储在您公司内部网络驱动器里的文件，只要文件完好并且网络驱动器已启动运行时，该文件可以被认为是可用的。然而，如果有人将该文件复制到共享驱动器上的受保护文件夹里，您可能缺乏所需的权限访问该文件——数据仍然可用，但无法再访问。

　　b）可用性是指用户利用可用数据满足其需求的能力。如果您曾经需要编辑 Google 文档（或任何其他文件）并注意到您已被授予只读权限，那么该文件绝对可用但缺乏足够的可用性。

　　c）及时性是指信息和资源可用性的预期时间，是对信息预期与可用之间时间的度量。确保及时性要求授权用户在可接受的时间内可以使用数据。对于云服务和涉及第三方管理数据的其他情况，及时性是关键因素，它必须被同意并记录在服务级别协议(SLA)中。

　　以上的 CIA 三大信息安全原则主要是针对"信息(Information)"而言的，"数据(Data)"包含信息的内容，但不等于"信息(information)"。信息不具有"主权"性，而数据是属于经济资源，是资产范畴，在数据空间中具有"所有权"属性。因此，在数据空间中，数据安全除合用信息安全三大原则内容外，还应该加上"主权安全"的内容。

■ **主权性（sovereignty）**

数据主权包括数据的所有权、访问权、处置权、居留权和经营权。

a) 数据的所有权是指信息（如社会上零散/碎片式信息群、生产过程信息）被数据处理者按自定的逻辑规则收集并加工处理成有意义的数据集后，数据处理者对数据（集）拥有著作权和所有权。数据所有权可以是企业/组织/个人所有，也可以是它们之间协作和共享所有。某些数据集、数据库和其他编译数据可能受知识产权法的约束，向其创建者或生产组织授予所有权。数据所有权必须透明，公开谁拥有和控制其数据可以促进相互信任。数据所有权的透明度是数据道德管理的关键原则。

b) 数据的访问权犹如一个国家进入另一个国家需要护照和签证（VISA）一样，一方（如用户）须向另一方（如数据源所有者）递交申请，在获得所有必要的审批通过后才能对要访问的数据源进行接入访问。访问权的处置包括批准、维护、禁止与撤销。

c) 数据的处置权是指对居于数据源的数据具有存储、分类、删除、变更、转移、加密和披露的权力。数据的分类权包括对数据敏感性分级定义的权利。

d) 数据的居留权是指数据源在某些地方"居留"的权利，如将数据源放置于第三方场所，数据的主权方应该享有的"居留"权利，如时间、受保护的权利等。

e) 数据的经营权是指数据的所有权者向某些企业/组织/个人出售/委托经营其数据的权利。获得数据经营权者可在授权的范围内对被授权的数据（集）进行商业活动。

综合上述所述，数据安全的概念应包括如下：

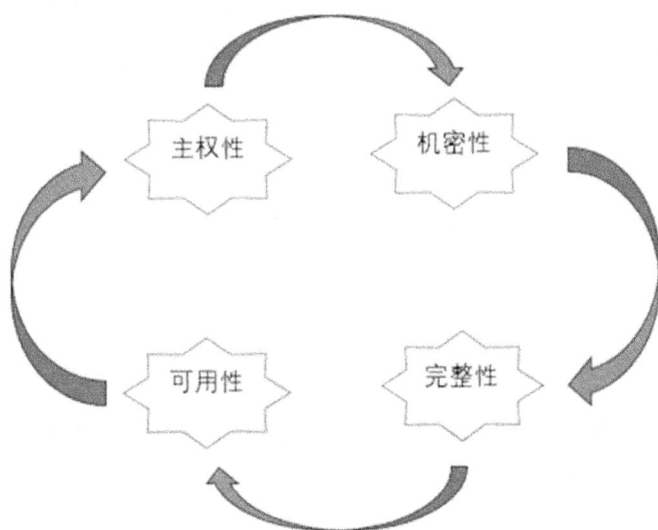

数据安全 SCIA 四和会图

这四个安全概念即协同工作又相互依赖。

2) 数据安全治理

数据安全治理从二个层面进行：一个是纯技术层面，一个是行政管理层面。

在技术层面上，主要范围包括数据采集、数据存储，数据处理、数据档案、数据访问、数据报告、数据恢复等方面，采取必要的技术手段进行对与数据有关的"对象"、流程等进行管理/限制（如数据的加密解密），从纯粹的技术层面管理数据涉及的强大实施系统、流程和工具，以确保数据的有效存储、处理、检索、安全和分析。

在行政层面上，主要包括针对各项技术流程中发生的各种活动制定相关管理/限制措施，以保障各种活动有序、有效、安全地进行。

在纯技术层面上，数据安全活动包括：

。数据分类

它包括根据业务的敏感性和重要性对数据进行分类，以应用适当的安全措施。

通常使用的方法如：用标签（例如公开、半机密、机密）标记数据并相应地应用安全控制。

。访问控制

它包括实施访问控制手段来管理用户权限并根据角色和职责限制对存储的数据访问。

通常使用的方法如：使用多要素进行身份验证机制、基于角色的访问控制(RBAC)和访问控制列表(ACL)来实施访问策略。

。数据加密

它包括加密敏感数据，以确保其在传输和存储过程中免受未经授权的访问。

通常使用的方法如：对传输中的数据(SSL/TLS)和静态数据（文件或磁盘加密）使用加密算法。

。身份认证

它包括验证尝试访问数据的用户或系统的身份。

通常使用的方法如：实施强密码策略、多重身份验证(MFA)和生物识别身份验证。

。数据脱敏和匿名化

它包括应用数据脱敏和匿名化技术来保护非生产环境中的敏感信息。

通常使用的方法如：使用标记化和数据加扰等技术来隐藏敏感数据。

。计算机系统可靠性

它包括计算机服务器和数据存储系统的"可靠性"备份，目的是保证服务器和存储器的运行的连续性及服务的不中断。

通常使用的方法如：服务器双机备份，存储器使用磁盘阵列的高容错性配置（如 Raid 5）。

。数据备份

它包括定期备份关键数据，防止系统故障或安全事件发生时造成数据丢失。

通常使用的方法如：实施自动化备份（包括数据库备份）解决方案，定期测试备份恢复流程。

。防火墙和入侵防御系统（IPS）

它包括部署防火墙来控制网络流量和入侵防御系统来识别和阻止潜在威胁。

通常使用的方法如：配置防火墙以过滤传入和传出流量。使用 IPS 监控和响应可疑活动。

。网络分段

它包括分段网络以避免出现包含潜在的安全漏洞威胁整个网络，并限制包括黑客在内的攻击者的横向移动。

通常使用的方法如：使用防火墙、VLAN 和访问控制来分隔和保护网段。

。定期软件更新和补丁管理

它包括保持软件、操作系统和应用程序处于最新状态，以解决已知漏洞。

通常使用的方法如：建立补丁管理流程以定期应用更新。

。安全评估和渗透测试

它包括进行安全评估和渗透测试以识别漏洞。

通常使用的方法如：聘请外部安全专家或使用自动化工具来评估安全状况。

。安全审计和监控

它包括定期监控系统活动并进行安全审核，以检测和响应潜在的安全威胁。

通常使用的方法如：使用入侵检测系统(IDS)、安全信息和事件管理(SIEM)工具以及日志分析。

在行政层面上，数据安全活动包括：

。数据安全需求定义

什么是数据安全需求？数据安全需求通常源于法律、监管、合同和组织考虑因素的结合。不同的国家/地区，不同的企业/组织都有不同的数据安全需求。它主要集中了来自于以下一些方面的具体需求：

- 利益相关者

    利益相关者是对特定项目、组织或系统有兴趣或关注的个人、团体或实体，也包括数据所有人。利益相关者可以是与其关联的实体的内部或外部，并且他们对数据项目可以具有不同程度的影响和参与。

- 政府法规

    很多国家和地区已经颁布了数据保护法来规范组织如何处理和保护个人数据和敏感数据。例如，欧洲的《通用数据保护条例》(GDPR) 和美国的《健康保险流通与责任法案》(HIPAA)。

- 行业特定法规

  某些行业可能有管理数据安全的特定法规。例如，金融机构必须遵守支付卡行业数据安全标准 (PCI DSS) 等法规，而医疗保健组织必须遵守 HIPAA 等法规。

- 合同义务

  它包括两项内容：客户协议和供应商和第三方合同。

  客户协议：是指企业/组织通常与客户或客户签订的协议，指定数据安全要求。这些协议可能概述如何处理、保护和保障客户数据的安全。
  供应商和第三方合同：在与外部供应商或服务提供商合作时，企业/组织须在合同中包含数据安全条款，以确保第三方遵守某些数据安全标准。

- 企业/组织政策和标准

  它包括以下内容：

  内部策略：企业/组织制定内部策略来规定如何处理、存储和保护数据。这些政策旨在符合法律要求和行业最佳实践。
  安全标准：许多企业/组织采用公认的安全标准和框架（例如 ISO/IEC 27001
  或 NIST 网络安全框架）来指导其数据安全实践。

- 风险管理

它包括以下内容:

风险评估: 组织进行风险评估, 以识别和评估其数据的潜在威胁和漏洞。

这些评估的结果为制定数据安全措施提供信息, 以减轻已识别的风险。

安全控制: 数据安全要求通常源于根据组织的风险状况选择的特定安全控制的实施。

- 数据敏感性策略

它包括:

数据敏感性分类: 组织根据数据的敏感性和重要性对数据进行分类。 不同 的分类可能有不同的安全要求。 例如, 敏感的个人信息 可能需要加密和严格的访问控制。

- 技术和基础设施

它包括以下内容:

安全技术: 安全技术的进步影响数据安全要求。 例如, 可以将加密、防火墙、入侵检测系统和安全通信协议的采用指定为要求。

新出现的威胁: 新的和不断演变的网络安全威胁可能会促使组织加强其数据安全措施, 从而制定新的要求。

- 事件响应和法律准备

它包括以下内容:

事件响应计划：组织制定事件响应计划来解决数据泄露和安全事件。这些计划概述了发生安全事件时应采取的步骤。

法律准备：数据安全要求可能包括法律准备措施，例如在法律调查或监管询问时记录和保存证据。

- 行业最佳实践和标准：

它包括以下内容：

最佳实践：网络安全组织和协会提供的行业最佳实践、指南和标准有助于制定数据安全要求。遵守公认的标准有助于组织展示对安全的承诺。

总之，数据安全要求是由外部法律和监管因素、合同义务、内部政策、风险评估、技术考虑和行业标准共同决定的。企业/组织需要不断评估和更新其数据安全措施，以适应不断变化的威胁和不断变化的业务环境。

在一个企业/组织内部，数据安全需求通常源于根据组织的风险状况选择的特定安全控制措施。每个企业/组织都有需要保护它的专有数据。这些专有的数据可以帮助企业/组织洞察其客户，如果有效利用，还可以提供竞争优势。如果机密数据被盗或泄露，企业/组织可能会失去竞争优势。

。安全政策和程序

它包括建立并传达安全策略和程序，以指导组织内的安全行为。

通常使用的方法如：制定并记录有关数据处理、访问和事件响应的政策。

。事件响应计划

它包括根据业务管理和业务发展的要求，制定并实施对突发/意外事件的应对计划，及时有效地应对安全事件。

通常使用的方法如：建立事件响应小组（成员包括技术，安全专员，业务管理和法务人员），定义事件类别，并定期进行演练。

。数据合规管理

确保数据活动必须遵守相关的信息保护和隐私法规。目前在国际上的主流的信息安全法规同样也适用于数据安全，它们包括但不限于以下内容：

- 通用数据保护法规（GDPR: General Data Protection Regulation，欧盟发布）
- 电子通讯服务法规（ECS: Regulation for Electronic Communication Service，EU:2013，欧盟发布)
- 欧洲委员会 2001 年网络犯罪公约（The Council of Europe's Convention on Cybercrime of 2001，欧洲）
- 双重用于技术限制（ECPA No. 欧盟发布）
- 健康保险可携带性和责任法（HIPAA: Health Insurance Portability and Accountability Ac，美国）
- 《格拉姆-里奇-比利雷法案》（GLBA: Gramm-Leach-Bliley Act，美国）
- PCI 数据安全标准（PCI DSS: PCI Data Security Standard，美国）

- 国际武器贩运法规法（ITAR:1976, International Traffic in Arms Regulations Act）
- 1987 年美国计算机安全法案（U.S. Computer Security Act of 1987，美国）
- 《美国联邦信息安全管理法》2022（FISMA 2022: U.S. Federal Information Security Management Act (FISMA) of 2002）
- 美国 1998 年身份盗窃和假设威慑法案（U.S. Identity Theft and Assumption Deterrence Act of 1998）
- 2002 年美国国土安全法（U.S. Homeland Security Act of 2002）
- 2004 年美国情报改革和预防恐怖主义法案（U.S. Intelligence Reform and Terrorism Prevention Act of 2004）
- 1974 年美国联邦隐私法，5 U.S.C. 第 552 章（U.S. Federal Privacy Act of 1974, 5 U.S.C. § 552a）
- 1998 年美国儿童在线隐私保护法（U.S. Children's Online Privacy Protection Act of 1998）
- 欧盟-美国隐私遮蔽（EU-USPrivacy Shield，欧盟-美国联合发布）
- FIPS 140-2 行业标准（FIPS 140-2 Industry Standards，美国）
- NIST IR 7622 行业标准 - 供应链风险管理（FIPS 140-2 Industry Standards supply chain risk management，美国）
- ISO 28000:2007 供应链安全管理系统规范（美国）
- ISO 9001
- ISO/IEC 27043:2015 (ISO 发布)
- 隐私法（澳大利亚：1988）（Privacy Act (Australia:1988)）

■　加拿大的个人信息保护和电子文件法 (PIPEDA: Canada's Personal Information Protection and Electronic Documents Act)

由于信息/数据安全在国际上影响巨大，加之美国、欧盟的长臂管辖，在从事数据"跨境"流通时必须格外小心。由于牵扯到的国际法规众多，一般的企业/组织/个人难以理解和掌控，本书为使读者在这方面有一个概念，简单介绍几个影响重大的信息国际法规（以下的介绍均来自于国际安全标准 ISC 组织）：

■　通用数据保护法规（GDPR: General Data Protection Regulation，欧盟发布）

GDPR 是欧盟关于欧盟和欧洲经济区 (EEA) 数据保护和隐私的法规。GDPR 是欧盟隐私法和人权法的重要组成部分，特别是《宪章》第 8(1) 条 欧盟基本权利。它还涉及欧盟和欧洲经济区以外的个人数据传输。GDPR 的主要目的是增强个人对其个人数据的控制和权利，并简化国际业务的监管环境。[1] 该法规取代了数据保护指令 95/46/EC，包含与处理位于欧洲经济区的个人（正式称为"数据主体"）的个人数据相关的规定和要求，适用于任何企业 - 无论其位置以及数据主体的公民身份或居住地 - 正在处理欧洲经济区内个人的个人信息。

GDPR 于 2016 年 4 月 14 日通过，并于 2018 年 5 月 25 日开始强制执行。由于 GDPR 是一项法规，而不是指令，因此它具有直接约束力和适用性，并为各个成员国调整法规的某些方面提供了灵活性。

该法规成为世界各地许多其他法律的典范，包括土耳其、毛里求斯、智利、日本、巴西、韩国、南非、阿根廷和肯尼亚。自 2022 年 10 月 6 日起，尽管英国不再是欧盟成员国，但仍保留相同形式的法律。2018 年 6 月 28 日通过的《加州消费者隐私法案》(CCPA) 与 GDPR 有许多相似之处。

■ 健康保险可携带性和责任法 （HIPAA: Health Insurance Portability and
　　Accountability Ac, 美国）

HIPAA 于 1996 年签署成为法律，而 HIPAA 隐私规则和安全规则每项均于 2003 年生效。必须遵守 HIPAA 要求的组织被称为涵盖实体，分为三类：

■■ 健康计划：这包括健康保险公司、政府计划
例如医疗保险，以及支付医疗费用的军队和退伍军人健康计划。

■■ 医疗保健提供者：这包括医院、医生、疗养院、药房、
以及其他传输健康信息的医疗服务提供者。

■■ 医疗保健信息交换所：这包括公共和私人组织，例如计费服务，处理或促进非标准健康的处理信息并将其转换为标准数据类型。医疗保健信息交换所是通常是医疗保健提供者和健康计划或付款人之间的中介的卫生服务。

HIPAA 隐私规则制定了保护患者隐私的最低标准隐私并规范个人健康信息的使用和披露，简称作为受保护的健康信息。根据 HIPAA，允许个人的 PHI 严格用于医疗服务的执行和计费目的，并且必须免受不当披露或使用。

HIPAA 安全规则制定了保护 PHI 的最低标准，即以电子形式存储或传输。安全规则实施隐私通过建立涵盖技术、物理和管理控制的规则实体必须采取措施保护电子信息的机密性、完整性和可用性存储的 PHI （或 e-PHI）。违反 HIPAA 的民事处罚可能包括 100 美元至每次违规罚款 50,000 美元，类似违规行为每年最高罚款 150 万美元。刑事处罚包括最高 250,000 美元的罚款和最高可能的监禁到 10 年。

■ PCI 数据安全标准 （PCI DSS: PCI Data Security Standard，美国）

PCI 安全标准委员会 (PCI SSC) 要求所有想要举办的实体，处理或传输持卡人信息以符合 PCI 数据安全标准 （PCI DSS）。该标准要求每年遵守对交易量超过规定范围的组织进行评估阈值金额。安全和风险管理模块

■ 欧盟-美国隐私遮蔽（EU-USPrivacy Shield，欧盟-美国联合发布）

欧盟与美国隐私盾是欧盟和美国的第二次尝试各国同意相互规范个人数据交换的原则两个司法管辖区。该协议于 2016 年达成，距此不到一年欧洲法院裁定安全港无效。然而，到 2020 年，同一个法院宣布欧盟-美国隐私护盾无效。"

■ ISO 28000:2007 供应链安全管理系统规范（美国）

供应安全管理系统规范链"为管理供应链风险提供了一个广泛的框架。虽然没有针对网络安全，ISO 28000 对于利用其他 ISO 规范 （例如 ISO 9001 和

ISO 27001）将供应链风险与组织的审计流程或寻求使用标准化的、基于风险的接近评估供应链风险。ISO 28000:2007 很大程度上依赖于持续流程改进模型计划、执行、检查、行动 (PDCA) 来改进安全管理体系并确保组织符合安全实践。这种方法有利于将供应链风险与更广泛的组织风险管理相结合活动。

- ■ ISO/IEC 27043:2015 行业标准 (ISO 发布)

ISO/IEC 27043:2015 建议处理安全事件的程序步骤调查。这些指南涵盖了从准备开始的许多事件场景一直到调查结束。涵盖的场景包括数据丢失或损坏、未经授权的访问以及已确认的事件等数据泄露。

在中国同样有与数据安全相关的法律法规，主要有三种：

- ■ 网络安全法 （Cybersecurity law）
- ■ 国家安全法 （Guarding State Secrets）
- ■ 个人信息保护法（PIPL：Personal Information Protection Law of the People's Republic of China）

其中个人信息保护法在国际上又称是中国版的 "GDPR"，是为了保护用户在使用互联网或在线购买商品和服务时的隐私权。总的来说，欧盟的 "GDPR"与中国的 "PIPL"非常相似，都是：

. 两项法律都保护个人数据，并规定了处理个人数据的合法依据

. 每项法律有时都需要明确和肯定的同意

.这两项法律都要求公司在可能的情况下减少和最小化数据处理

.在这两种情况下，公司必须执行影响评估并保护数据免受风险

但两者仍存在一些关键的差异：

.GDPR 赋予个人更具体的隐私权

.GDPR 规定了报告和响应数据泄露的时间表

.GDPR 对敏感数据的定义不太明确

.PIPL 有更严格的同意要求

.PIPL 处罚更严厉

GDPR 和 PIPL 在起草以下合规政策方面都有所帮助：

.起草隐私政策

.使用未标记的复选框以获得处理数据的明确同意

.仅收集执行合法任务所需的数据

.帮助人们行使隐私权

进行 数据合规通常使用的方法如：定期审查和更新政策以符合法律要求（例如 GDPR、HIPAA，中国安全三法）。

。供应商和第三方安全

评估和管理与第三方供应商和合作伙伴相关的安全风险是确保数据安全的重要一环。随着云服务及第三方业务外包的应用越来越普及，越来越多的企业/组织开始使用云供应商的服务，由此也出现了越来越多的网络安全、信息安全事故。因此在选择第三方服务及供应链方面，对可能出现的数据安全问题一定要在事先谨慎评估、事后严格管理。

对第三方服务及供应商的安全评估，主要包括以下几个方面：

.数据安全.

.访问控制

.网络安全

.应用安全

.物理安全

.事件响应和监控

.合规性和认证

.合同和法律方面

.风险管理

.业务连续性和灾难恢复

.供应商生命周期管理

.云安全

.供应链安全

.国际考量因素

.沟通和报告

.人员安全

.持续监控和改进

.退出策略

数据安全是指评估：

1）第三方的数据处理政策，包括与数据处理、存储和传输相关的政策和实践。

2）加密：评估数据在传输过程中和静态时是否经过加密，以防止未经授权的访问。

3）第三方数据安全软件系统的时效性：安全软件是否老旧/或过期、最新版本是否

是稳定好的，等等。

访问控制是指评估：

1）第三方的用户访问权管理：查看第三方如何管理用户对系统和数据的访问权限。

2）认证机制：验证用户访问的身份验证机制的强度。

网络安全是指评估：

1）第三方系统的防火墙和入侵检测/预防：评估第三方的网络安全措施，包括防火墙和入侵检测/预防系统，检查其版本是否过期等。

2）网络分段：确定是否实施网络分段以隔离不同的服务。

应用安全是指评估：

1）安全软件开发实践：评估第三方软件开发实践的安全性。

2）漏洞管理：检查是否有识别和解决软件漏洞的流程。

物理安全是指：

1）数据中心安全：如果适用，评估第三方数据中心的物理安全措施。

2）访问控制：验证环境控制措施是否到位，是否存在限制对敏感区域的物理访问权限。

事件响应和监控是指评估：

1）事件响应计划：审查第三方的事件响应计划和能力。如灾难恢复计划等。

2）记录和监控：评估监控和日志记录实践以检测和响应安全事件。

合规性和认证是指评估：

1）监管合规性：确保第三方遵守相关的数据保护和隐私法规。

2）安全认证：检查第三方是否已获得安全认证（例如 ISO 27001）。

合同和法律方面是指评估：

1）合同中的安全要求：在合同和服务级别协议 (SLA) 中包含特定的安全要求。

2）责任和义务：明确与安全事件相关的责任和责任。

风险管理是指评估：

1）风险评估：进行风险评估，以确定与第三方相关的潜在安全风险。

2）缓解策略：评估第三方减轻已识别风险的策略。

业务连续性和灾难恢复是指：

1）业务连续性计划：审查第三方处理中断的业务连续性计划。

2）灾难恢复测试：确认第三方定期测试其灾难恢复能力。

供应商生命周期管理是指评估：

1）尽职调查：在供应商入职流程中进行尽职调查。

2）定期审核：进行定期审核以确保持续符合安全标准。

云安全是指评估：

1）云服务安全性：如果第三方提供云服务，须评估其现有的安全措施。

2）数据主权：明确云服务相关数据主权和管辖问题。

供应链安全是指评估：

1）供应链风险管理：评估第三方的供应链风险管理实践。

2）供应商安全：评估第三方供应商和分包商的安全实践。

国际考量因素是指评估:

1) 国际数据传输: 如果适用, 评估如何管理国际数据传输。

2) 全球隐私法规: 确保遵守全球隐私法规。

沟通和报告是指评估:

1) 通信协议: 建立明确的通信协议来报告安全事件。

2) 透明度: 确保安全实践和事件的透明度。

人员安全是指评估:

1) 背景调查: 核实第三方对其员工进行背景调查。

2) 安全意识培训: 确信第三方员工已接受安全意识培训。

持续监控和改进是指评估:

1) 持续评估: 持续监控第三方的安全状况和表现。

2) 连续的提高: 鼓励持续改进安全实践。

退出策略是指评估:

1) 数据检索计划: 制定在与第三方的关系终止时检索和保护数据的计划。

2) 终止程序: 定义以安全方式终止访问和服务的程序。

对**供应商和第三方安全**评估通常使用的方法如：进行数据安全评估、审查合同并为供应商制定安全要求。这项工作的进行涉及安全专业人员、法律团队和利益相关者之间的协作。随着业务环境和安全威胁随着时间的推移而变化，定期审查和更新安全评估至关重要。

。企业/组织内部移动设备安全

企业/组织内部移动设备安全评估是指采取措施保护企业/组织内部使用的移动设备（如手机、平板/手提电脑、自动扫地机等的电子移动设备），并防止未经授权通过网络访问公司的数据。

通常使用的方法如方法：强制设备加密、实施移动设备管理(MDM) 并建立 BYOD（自带设备）策略。

。物理安全

物理安全通常是指企业/组织内部及周边环境的安全，它包括数据中心机房及其内部环境（如空调，照明、电源等电气设施）、数据中心大楼及周边环境等。

通常的评估活动包括：对数据中心、服务器和其他基础设施组件进行安全物理考察。

通常使用的评估方法如：评估访问控制（是否存在限制对敏感区域的物理访问等）、监视数据系统和环境控制（例如温度、湿度）。

。企业/组织员工培训和意识

企业/组织员工培训和意识是指对企业/组织内部的员工进行必要的数据安全意识的培训，要有专用的培训教材，定期开展培训及对员工的考试通过，并计入员工档案。对员工进行数据安全教育，可以提高员工对潜在安全威胁的认识。

通常使用的方法如：定期举办培训课程、网络钓鱼模拟并分发安全意识材料给员工（包括管理层人员）。

。安全审计和监控

安全审计和监控是指在行政上定期监控数据系统活动并进行安全审核，以检测和响应潜在的安全威胁。

通常使用的方法如：使用入侵检测系统 (IDS)、安全信息和事件管理 (SIEM) 工具以及日志分析。

2，数据安全监管（Regulatory）

在上一节中的各种技术措施及行政政策实行以后，对执行情况及数据本身的安全状况必须开展监管实践。

数据安全监管是指对组织内部数据安全措施的监督、监控和管理。它涉及数据主权、实施政策、实践和控制，以保护数据免遭未经授权的访问、披露、更改和破坏。数据安全监管原则分为合规性监管、文档和合规性审核两大部分：

合规性监管：随时了解情况，及时了解适用于您所在行业和地理位置的相关数据保护法律和法规。确保安全措施符合法律要求，以避免产生法律后果。

文档和合规性审核: 维护安全策略、程序和合规性工作的完整文档。 定期进行合规审计, 以发现并解决任何差距。

实施这些原则需要采用涉及技术、流程和人员的综合方法。定期风险评估、安全审计和持续改进工作对于适应数据资产安全领域不断变化的威胁和挑战至关重要。

数据安全监管的目标是确保数据的主权性、机密性、完整性、可用性符合相关法规和标准。 以下是数据安全监管涉及的关键组成部分和活动:

- 数据监管委员会

- 政策制定和执行

- 数据监管

- 数据政策和标准

- 数据活动监管

- 安全指标和报告

- 体系变更管理

- 数据监管沟通

- 数据隐私和道德

- 数据审计问责

- 政策/标准的持续改进

数据监管委员会是指组建一个由来自各个业务部门的主要利益相关者组成的数据监理委员会。 该小组负责审查、监督和指导数据监管计划。

政策制定和执行是指制定并实施数据安全策略，定义如何在企业/组织内处理、存储、传输和访问数据；定义数据安全的总体策略、目标和治理结构。确保与组织目标和风险管理实践保持一致并确保员工了解并遵守这些政策。

数据监管包括数据监管框架和数据监管路线图。数据监管框架是指开发一个数据治理框架，定义组织内管理数据的结构、角色、职责和流程（如任命数据管理员负责监督和管理特定数据集。数据管理员确保数据质量、合规性以及数据治理政策的遵守），；数据监管路线图是指制定数据治理路线图，概述组织内成熟数据治理实践的计划举措、目标里程碑和时间表。

数据政策和标准是指建立数据政策和标准，定义如何在整个组织内处理、存储、加工和共享数据。这包括数据治理标准、数据质量指标、安全策略和隐私指南。

- 数据治理标准

   包括数据分类和敏感性定义、数据编目、元数据/主数据管理、数据生命周期管理以及数据管理上的"问责"制度。。

- 数据质量指标

   是指实施监控和提高数据质量的流程。这涉及定义数据质量指标、进行数据质量评估以及解决与准确性、完整性和一致性相关的问题。此外还包括对数据质量指标的监控，包括定义关键绩效指标 (KPI) 和衡量数据质量的指标。建立监控流程来跟踪和报告数据质量问题。

- 安全策略

   包括制定数据访问和安全政策，确保数据治理实践活动符合法律和监管要求。这包括遵守数据保护法、行业法规和隐私标准。并制定时间表定期审查和审核用户访问及内部员工的安全培训效果。

- 隐私指南

制定符合道德标准的政策和实践来解决数据隐私问题。确保数据处理尊重个人隐私权。

数据活动监管是指对网络安全、数据活动（如访问及经营）、定期软件更新和补丁管理、数据备份与恢复、用户账户管理、移动设备接入、第三方服务等进行定期审查。及时发现和纠正违规的行为（如数据被倒卖、滥用等），必要时采取法律措施。

安全指标和报告是指定义并跟踪关键安全指标，以衡量数据安全措施的有效性，包括定期进行安全审计和监控活动，以检测和响应安全事件。监控网络活动、系统日志和用户访问，以识别潜在威胁或异常情况；审查灾难恢复计划，如灾难恢复时间，异地数据备份计划等，确保其有效性；并为管理层和利益相关者准备定期报告和审查安全文档的完整性及更新情况。

体系变更管理是指随着企业/组织的业务发展会定期或不定期地出现业务流程等的变更，对变更进行管理，以确保数据治理政策和实践随着组织变革、技术进步和数据需求的变化而发展。

数据监管沟通是指建立有效的沟通渠道，在整个组织内传播有关数据治理举措、更新和成就的信息。

数据隐私和道德是指通过已制定的道德标准/政策和为解决数据隐私问题而进行的实践进行审查，确保数据处理和访问即有数据的"透明度"，也尊重了个人隐私权，确保数据治理实践符合法律和监管要求。这包括遵守数据保护法、行业法规和隐私标准。数据的道德监管中，数据所有权的透明度也是一项关键内容。

数据审计问责是指问责措施：建立审计跟踪和访问日志、数据责任制、事故追究等问责机制，有助于跟踪数据使用情况及数据工作者的工作情况，并确保所有权责任得到维护。

政策/标准的持续改进是指根据各种反馈、绩效指标和不断变化的业务需求定期审查和完善数据治理流程，培养持续改进的企业/组织文化。

数据安全监管是一个持续的过程，需要采取主动的方法来识别和减轻安全风险。需要业务部门、DT/IT 部门，数据安全和执行领导层之间的协作。通过实施这些活动，企业/组织可以创建一个安全的数据处理环境。定期审查和更新安全措施对于应对网络安全领域不断变化的威胁至关重要。从而为有效的数据治理奠定坚实的基础，提高数据质量、更好的决策并增强企业/组织绩效。

3， 数据安全控制

数据安全控制是为保护数据的机密性、完整性和可用性而实施的措施和机制。这些控制措施旨在保护信息免遭未经授权的访问、披露、更改和破坏。数据安全控制是组织数据安全整体策略的重要组成部分。以下是常见的数据安全控制类型：

。访问控制

。数据加密及遮蔽

。入侵检测和预防系统（IDPS）

。系统安全配置

。端点安全

。数据丢失防护 (DLP)

。物理安全控制

。安全监控和威胁应对

。审计跟踪和记录

。安全评估和审计

。安全意识培训

访问控制是指:

1) 基于角色的访问控制 (RBAC: Role Based Access Control): 根据工作角色分配访问权限，以确保用户拥有其任务所需的最低访问级别。

2) 认证机制: 实施强大的身份验证方法，例如多重身份验证 (MFA: Multi-factor authentication)，以验证用户的身份。

3) 用户配置和取消配置: 根据角色或职责的变化自动执行授予和撤销用户访问权限的过程。

4) 单点登录 (SSO: Single sign-on): 允许用户使用一组登录凭据访问多个系统。

5) 移动设备接入管理（MDM: Mobile Device Management）: 在移动设备上实施安全策略，包括密码要求、设备加密和远程擦除功能（发现异常时的非常手段）。

6) 应用程序白名单/黑名单: 允许或限制在移动设备上安装特定应用程序。

7) 网络防火墙: 根据预定的安全规则控制传入和传出的网络流量，防止未经授权的访问。

8）基于主机的防火墙：在各个设备上实施防火墙以控制设备级别的流量。

9）云环境中的身份管理：在云环境中实施强大的身份和访问控制。

数据加密及遮蔽是指：

1）使用加密算法将敏感数据转换为不可读的格式，确保即使发生未经授权的访问，数据仍然受到保护。

2）SSL/TLS 加密：使用 SSL（安全套接字层: Secure Sockets Layer）或 TLS（传输层安全性: Transport Layer Security）加密对传输中的数据实施安全通信通道。

3）数据屏蔽：将特定数据元素隐藏在数据库中，仅允许授权用户查看完整数据。

4）匿名化：用匿名标识符替换个人身份信息 (PII: personally identifiable information)，以保护个人隐私。

5）加密文件传输协议：使用安全和加密的协议来传输敏感文件。

6）安全文件共享平台：实施用于内部和外部共享文件的安全平台。

7）云环境中的数据加密：加密存储在云中的数据以保持机密性。

入侵检测和预防系统（IDPS:intrusion detection and prevention systems）是指：

1）监视网络或系统活动是否存在恶意行为或违反安全策略的迹象。

2）入侵防御系统：采取自动操作来阻止或防止检测到的入侵。

系统安全配置是指：

1）安全基线：根据行业最佳实践定义并执行硬件、操作系统、网络和应用程序的安全配置。

2）设备强化：禁用不必要的服务和功能以减少受攻击面。

3）安全补丁和更新：对操作系统和软件执行安全补丁和更新以解决已知漏洞。

4）软件补丁管理：建立定期更新和修补软件应用程序的流程。

端点安全是指：

1）防病毒和反恶意软件的软件：安装并定期更新防病毒和反恶意软件程序，以检测和删除恶意软件。

2）设备加密：对笔记本电脑及其它移动电子设备等网络端点上的设备进行数据加密，以便在设备丢失或被盗时保护敏感信息。

数据丢失防护 (DLP: Data loss protection) 是指：

1）数据内容发现和分类：识别和分类组织内的敏感数据，以防止未经授权的共享或泄露。

2) 数据加密策略：实施策略以根据预定义的规则自动加密敏感数据。

物理安全控制是指：

1）控制系统访问：实施环境物理访问控制（如门禁系统），限制进入数据中心和其他可能会影响数据安全的区域。

2）监控系统：使用视频监控和声音吓阻来增强数据中心周边的物理环境安全。

安全监控和威胁应对是指：

1）持续监控：持续监控网络、系统和应用程序的安全事件。

2）威胁信息源：在系统中纳入可能威胁系统和数据安全的危险信息情报源，以随时了解当前市面上的网络安全威胁和漏洞。

3)风险应对：制定并定期更新风险事件响应计划，以指导发生安全事件时的行动。

4）通信协议：建立清晰的沟通渠道和协议来报告和响应事件。

审计跟踪和记录是指：

1）审计跟踪：记录有关用户活动、系统事件和数据更改的详细信息，以方便取证分析和合规性监控。

2）记录：定期查看日志以识别安全事件或异常活动。

安全评估和审计是指：

1）漏洞评估：使用自动化工具或外部审计定期评估系统和网络的漏洞。

2）渗透测试：进行模拟攻击以识别安全防御中的弱点。

安全意识培训是指:

1) 用户培训: 教育用户/员工熟悉并牢记有关数据安全政策和执行程序、社会工程风险以及保护敏感信息的重要性, 以及应如何处理、存储和访问数据的规定。

2) 应对网络钓鱼意识: 教育用户/员工进行识别和避免网络钓鱼攻击的培训。

3) 事件响应: 教育用户/员工面对危险事件发生时, 如何执行响应计划、减轻安全事件后果的记录程序。

4) 培训效果检验: 由数据监管委员会对培训效果进行定期检查, 使员工/用户充分理解数据安全的意义, 时刻保持正确的数据安全意识。

以上, 综合地陈述了如何数据安全的定义、执行政策、标准制度、安全要点、审计方面的内容。总之, 在企业/组织内部, 有效的数据安全控制需要采取分层且全面的方法, 解决技术和人为因素。组织应定期评估和更新其控制措施, 以适应网络安全环境中不断变化的威胁和漏洞。

4, 大数据与安全

大数据与网络安全之间的关系是多方面且重要的。本节主要论述大数据在数据/网络安全上的作用。在数据/网络安全中, 使用大数据对来自不同来源的大量数据进行分析以增强数据保护的安全措施、检测对数据的可能威胁并有效响应网络事件。以下是使用大数据加强数据/网络安全保护的方法:

。历史数据的收集

收集并聚合来自组织 IT 基础设施内不同来源的数据，包括网络流量日志、数据服务器日志、端点活动、应用程序日志和安全事件。此外，也需集成外部数据/网络安全威胁数据源（例如威胁情报源、漏洞数据库和暗网监控服务）以丰富数据安全措施。

。完成数据标准化

标准化收集的数据，以确保分析的一致性和相关性。这涉及标准化数据格式、解决不一致问题以及利用威胁情报指标、资产属性和用户配置文件等上下文信息以丰富数据。

。大数据分析

应用先进的分析技术，包括机器学习、异常检测、统计分析和模式识别，分析大量收集的历史数据并识别安全威胁和异常。使用监督学习算法在标记数据上训练模型，使用无监督学习算法来检测未知模式和异常。分析的内容包括:

a. 异常行为分析

使用大数据分析对 IT 环境中的用户、设备和实体进行行为分析，以识别表明潜在安全威胁的异常模式或偏离正常行为的异常行为。通过使用历史数据建立基线行为模型，检测可能意味着恶意活动的偏差。分析用户活动模式、访问模式和资源使用情况，以检测内部威胁、受损帐户或未经授权的访问尝试或数据泄露。

场景案例分析:

在某超市里，某些冷冻食品按食品安全规定，必须持续在一定的温度范围内存储才能算是保质的安全食品。食品监管机构在履行职责时，经过大数据检查冷柜温度的历史数据时，发现在某天夜间该冷柜断电 5 小时，在这期间，冷柜温度数据上升出现超出温度许可范围的变化。后供电自动恢复，冷柜温度在半小时后回复正常，这就属于冷柜工作中的"异常行为"。但该超市工作人员在当天上班后并未发现此现象，未采取必要的处置措施。

食品监管机构经数据分析，断定在冷柜断电期间，足以出现内部食品化冻/复冻现象，产生细菌滋生，影响食品品质。遂依据保护消费者权益的有关条例规定，对该超市进行处罚，并勒令其召回已出售的食品。

这就是大数据在保护消费者权益及食品安全方面作用之一。

b. 预测分析

利用预测分析在数据/网络安全风险发生之前预测并减轻风险。分析历史数据和趋势，预测并识别潜在的攻击媒介、漏洞和安全弱点，并主动实施安全措施以防止未来发生事件。

c. 取证分析

使用大数据分析对安全事件和违规行为进行取证分析和调查。分析大量历史数据以重建事件顺序、确定事件的根本原因并评估违规的范围和影响。

d. 威胁检测和预防

利用大数据分析实时检测和预防数据/网络安全威胁。监控网络流量是否存在危害指标 (IOC)，例如已知的恶意软件签名、可疑 IP 地址或异常网络行为，并在威胁造成损害之前采取自动操作来阻止或减轻威胁。

使用大数据分析还可以集成和分析来自外部来源的大量安全情报和威胁情报数据，例如安全源、漏洞数据库和威胁情报平台。通过将这些信息与内部数据关联起来，组织可以获得对新出现的威胁、漏洞和攻击趋势的可行见解，从而增强其安全态势和响应能力。

e. 安全智能和威胁智能

集成和分析来自外部来源的安全情报和威胁情报数据，以深入了解网络上新出现的威胁、漏洞和攻击趋势。将此信息与内部数据相关联，以自动识别安全风险并确定其优先级并加强安全防御。

f. 数据可视化和分析报告

使用数据可视化技术以直观的方式呈现与数据/网络安全相关的见解和发现，使安全分析师和利益相关者能够更有效地理解和解释复杂的数据。生成状况报告和指示仪表板，以向相关利益相关者传达关键的安全指标、趋势和发现结果。

g. 数据保护和隐私

大数据分析还可以在数据保护和隐私方面发挥作用，使组织能够识别和分类敏感数据、监控数据访问和使用以及检测潜在的数据泄露或合规违规行为。通过分析数据访问日志、用户权限和数据流模式，组织可以确保遵守数据保护法规并降低数据泄露的风险。

h. 风险管理

针对数据安全的风险管理的具体方案，可以采用以下步骤和技术：

1. **风险识别**：

    - **数据收集与清洗**：收集各类数据，包括市场数据、财务数据、客户数据等，清洗数据以确保准确性和完整性。
    - **数据模型构建**：利用机器学习算法和统计模型构建风险识别模型，例如基于历史数据的风险模式识别、异常检测等。
    - **数据可视化**：使用数据可视化工具，如 Lumira、Power BI 等，将风险数据转化为直观、易于理解的可视化报告，以帮助决策者更好地理解风险情况。

2. **风险定价**：

    - **风险评估与量化**：利用数学模型和统计方法对风险进行量化和评估，例如价值-at-风险（VaR）、条件 VaR 等指标，以确定各类风险的概率分布和影响程度。
    - **风险定价模型**：建立基于风险评估结果的定价模型，例如期权定价模型、保险费率计算模型等，以确保产品或资产的价格能够覆盖其风险成本。

3. **风险配置**：

    - **风险均衡与承受能力评估**：根据机构的风险承受能力和投资目标，通过建立风险偏好模型和投资组合优化模型，实现风险的合理分配和均衡。
    - **风险分配策略**：采用多样化的风险分配策略，包括资产配置、风险对冲、保险等，以降低整体风险并实现预期收益目标。

在实施以上方案时，需要考虑数据安全和隐私保护，并确保遵守相关法规和标准。另外，持续监测和更新模型是保证风险管理方案有效性的关键，可以通过建立风险监控系统和定期审查风险模型来实现。

I. 数据/网络安全的持续改进

根据反馈、新数据和不断变化的威胁形势，不断完善和改进大数据分析模型和算法。定期更新威胁情报源、调整检测规则并调整分析技术，以有效应对新出现的威胁和安全挑战。

总体而言，大数据分析使组织能够更有效地检测、预防和响应安全威胁。通过在数据/网络安全中利用大数据分析，利用数据驱动的洞察力来增强其安全态势和抵御网络攻击的能力，从而在增强数据/网络安全方面发挥着至关重要的作用。

企业/组织/集团的管理人员在勾画内部的数据/网络安全蓝图时应充分考虑到大数据在其中的作用。

第九篇　数据体系

　　数据是信息经过采集、加工处理后产生出来的。在企业/组织的业务环境中，数据体系，也就是业务数据生态环境（数字化业务层次结构），是指组织内支持业务运营、决策流程和战略计划的数据的结构化环境。企业/组织内部业务流中的各环节信息经"数字化"后形成结构化的业务数据流，实现企业/组织内部的"数字化"，而该数据流经优化后产生"业务流更新"，又反过来促进业务流（业务组织结构）的改进，从而提升企业/组织的运作效率。这就是企业/组织的"数字化"改造。这个"闭环"体系就形成了数据体系，也可称为"数据生态"。如下图所示：

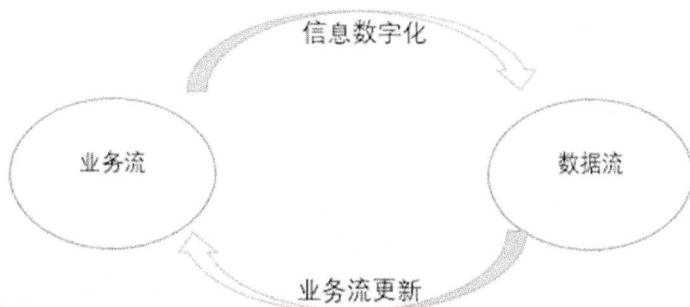

数据体系（数据生态）

　　企业/组织"数字化"的过程就是建立本身数据体系的过程。数据体系有助于有效地管理和利用各种业务功能的数据，优化企业/组织本身的业务流，从而进一步改进企业/组织的工作效能。以下是数据体系中与业务/数据流环境相关的关键组件和概念：

1)　　数据汇聚
2)　　数据源网
3)　　数据设施
4)　　数据应用
5)　　数据人员

1，数据汇聚

数据汇聚是指：在社会上，离散，碎片式的数据；在企业/组织内部，其生产环节产生的各种业务/生产数据和与之业务相关的各种社会上的数据（源），按照一定的流动原则进行集中，汇聚成有逻辑性、系统性的数据集（库）的过程。数据汇聚活动包括：

- 业务分析

- 数据收集的定义

- 数据（源）的评估

- 数据授权

- 数据汇聚程序编写

- 数据传输

- 数据驻留

业务分析是数据汇聚的指导性工作，它指企业/组织内部的业务分析，属业务流范畴；包括业务分类/流程和业务数据分类/流程，以及数据需求分析，定义哪些数据是内部数据，哪些数据是外部数据需要外部采集，哪些数据源是所需要数据的"源头"等等。这步工作由业务管理人员、业务分析（BA）人员携手完成，包括保留健全的文档，以备后续安全审计时使用。

数据收集的定义是指什么样的数据要被收集，包括数据的定义、业务分类和安全级别分类。这步工作由业务管理人员、业务分析(BA)人员携手完成，包括健全的文档。

数据（源）的评估，这部分在本书的第二篇中有讲述，在此不再重复。

数据授权是指要被收集的数据源的数据在被用户下载之前，用户必须要事先得到数据（源）所有权者的许可授权。

数据汇聚程序编写是指以被采集数据为目标的数据抓取程序的开发。这部分程序的编写须遵循相应的软件安全政策，防止在抓取的过程中带入病毒等恶性代码。程序的开发文档要详细书写并指定专人保管，以备后续安全审计时使用。

数据传输是指被收集的数据从数据源所在地向目的地的输送。借助内部/社会上公开的通信网络或专有通信线路进行。数据传输要采用安全传输方式，必要时要在传输前对数据加密，接收后对数据解密。相关的安全措施必须详细记录在文档中，以备后续安全审计时使用。

数据驻留是指被汇聚的数据在到达汇聚的目的地后的存储和保存，包括相关数据库/数据仓库的定义，目录/路径/文件名等。这部分在本书的第二篇中也有讲述，在此不再重复。

数据汇聚是基于 NoDS 之上，它的类型分为社会数据汇聚和企业/组织内部数据汇聚两种。

社会数据汇聚，又称外部数据（源）汇聚。外部数据源包括从外部各方获得的数据，例如市场研究、行业报告、社交媒体数据以及其他可以提供有价值见解的外部来源。

外部数据汇聚流动逻辑如下图：

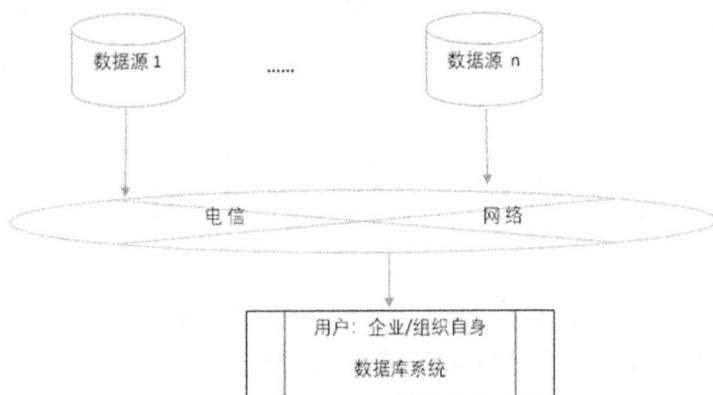

图中所示的数据源即可以是各类平台，也可以是其它企业/组织的数据系统（如供应链/第三方数据系统）。社会数据的汇聚也是社会上数据源的汇聚，它们之间的链接必须借助社会公共通信网络（如电信网和国际互联网）进行。在企业/组织的内部数据系统的工作下，各数据源的数据在被授权许可下，有序地向目的地 --- "企业/组织自身数据库系统" 汇聚。

企业/组织内部数据汇聚，数据流动逻辑如下图：

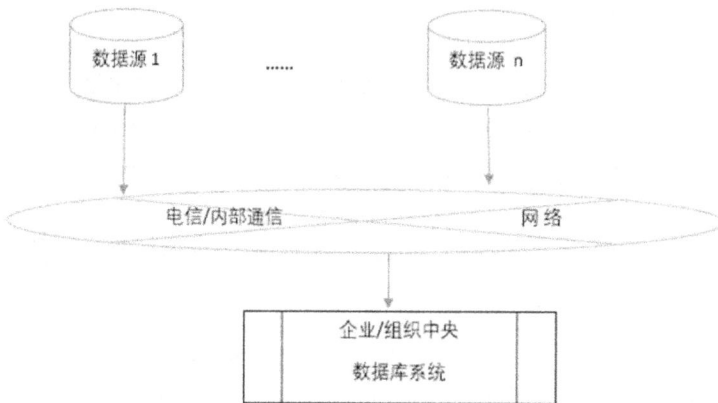

图中所示的数据源即可以是内部各业务部门，也可以是下属的工厂，连锁商店等的数据系统。企业/组织内部的汇聚也是企业/组织内部各数据源的汇聚，它们之间的链接必须借助内部/社会公共通信网络（如电信网和国际互联网）进行。在企业/组织的内部数据系统的工作下，各数据源的数据在被数据所有者授权许可下，有序地向目的地 --- "企业/组织中央数据库系统" 汇聚。

2，数据源网(NoDS)

NoDS(数源网)，顾名思义就是由选定的，相对比较稳定的数据源组成的网络，有固定的连接网络和通信协议。例如物流供应链中的供应商与生产企业之间的业务网络，政府部门与一些相关组织之间的固定网络等。数据源网是数据体系中的重要一环，数据源网络（数源网，NoDS），不同于电信网络和计算机网络。它是一种资源互联而形成的网络，是各个已成"体系"的、分散的、独立管理的"数据源"，按照行业"约定"条约组成的数据共享网络。

数据源网络(NoDS)的基本单元是数据源。数据源包括收集、聚合和共享联盟/组织内、或跨多个实体的各种来源的数据的系统或基础设施。它提供了一个用于连接不同数据源、促进数据集成以及支持分析、报告和决策流程的"兼容"框架。

数据源网络(NoDS)的概念在数据管理、商业智能（BI）和数据驱动的应用程序中尤其重要。以下是与建设 NoDS 相关的关键组件和注意事项：

- 。 数据源

- 。 数据源集成

- 。 数据协议

- 。 数据流通

- 。 数据存储及更新

- 。 数据安全

- 。 性能监控及可扩展性

数据源，包括内部数据系统、外部数据系统和物联网（IoT）设备。内部数据系统包括数据库、企业资源规划 (ERP) 系统、客户关系管理 (CRM) 系统以及生成或存储数据的其他内部应用程序；外部数据系统包括第三方 API、云服务或来自合作伙伴、供应商或外部平台的数据源；物联网设备，是指在使用物联网 (IoT) 设备的情况下，它们可以充当数据源，提供来自传感器、机器或其他连接设备的实时数据流。

数据源集成，包括元数据（Meta Data）管理、ETL（提取、转换、加载）、数据质量和数据管道（Data Pipelines）。元数据管理包括数据定义、沿袭和质量指标，对于维护数据完整性和确保网络中的数据得到正确理解和使用至关重要；ETL 完成从源系统中提取数据，将其转换为可用格式，并将其加载到集中式数据存储库中；数据质量管理是指实施流程来监控和提高数据在网络中移动时的质量，解决完整性、准确性和一致性等问题；数据管道负责建立数据管道，使数据从源到目的地的流动自动化，确保一致性、及时性和可靠性。数据源集成还有一个极其重要的因素就是："数据源关系逻辑"的建立！它是"数据源集成"的基石，这部分在第三章中的"数据评估"部分有阐述，在此不再赘述。

数据协议，是指数据在数据源之间流通的"约定"，包括数据源协议和数据传输协议。数据源协议是指数据源之间的数据共享协议（如实时共享或定时传输），包括协定数据目录，记录可用数据源、数据结构和使用指南。它涉及不同利益相关者之间的数据共享、协作和数据更新；数据传输协议是指为实现数据源之间的无障碍技术兼容而约定的通信协议。数据协议能够促进各个组织之间的协作和理解。

数据流通，是指使用集成平台或中间件连接不同的数据源系统，并通过硬件和目标明确的软件开发来实现它们之间的数据流（如数据访问、数据共享等）。例如在开发了 API（应用程序编程接口）连接后，标准化 API 允许不同系统无缝通信和共享数据，API 可以促进内部和外部应用程序之间的数据交换。

数据存储及更新，是指建立数据库、数据仓库或数据湖来承载数据。数据仓库，是指集中式数据仓库，它是数据源网络的常见组件。它充当集成和结构化数据的存储库，使其可用于报告和分析。数据湖，则是用来存储原始、非结构化或半结构化数据。这可以容纳更多样化的数据类型并支持高级分析。数据更新则包括"实时数据"更新和"批量定时"数据更新。"实时数据"更新是指数据源的发/收双方实行"同步"数据更新传输，"事件触发"数据更新（事件驱动型更新，收方数据源立即响应发方数据源中的更改或事件）就是其中一种；"批量定时"数据更新是指数据源之间只在某个特定的时间才进行数据更新传输，如一周一次或一月一次，或只在一天中的某个时间进行数据更新。这些在数据协议中必须指明。

数据安全，是指数据源之间的各种访问、数据流通都能在安全的环境下进行。最常用的安全措施是访问控制和数据加密。实施访问控制，可以确保只有授权用户或系统才能访问和修改特定的数据集；实施数据加密协议，可以确保数据在数据源网络中传输和存储期间的安全。

性能监控及可扩展性是指在设计和建设数据源网基础设施时，要确保数据源网络可以扩展以处理不断增长的数据量和用户需求。在数据源网运行工作期间，对其性能要进行必要的监控，如加装监控工具来跟踪数据源网络的性能并识别潜在的瓶颈或问题。

对于希望充分利用数据潜力的组织来说，精心设计、建设和有效管理的数据源网络至关重要。它实现了信息/数据的无缝流动，支持数据驱动的业务决策，并有助于数据驱动业务计划的整体成功。

3，数据设施

数据设施是指支持组织内数据收集、存储、处理和分析的技术、系统和资源的底层基础设施。它包含旨在有效管理和利用数据的广泛组件和技术。对于寻求利用数据价值进行决策、商业智能和创新的组织来说，强大的数据基础设施至关重要。

对于一个企业/组织来说，其内部的数据设施包括数据的"硬设施"和"软设施"。

"硬设施"是指支撑数据体系的所有硬件设备及其之间的连接。包括主服务器、数据库服务器、工作站、路由器、电信网络接入设备等，还包括服务器、工作站、路由器等的硬件配置。如CPU的性能、内存的容量、I/O能力、路由器的协议转换性能及电信设备的通信传输速率等。

"软设施"是指支撑数据体系运作的管理软件系统、BI（商业智能）系统、数据存储系统、数据挖掘、数据管道、数据安全体制、云服务等。

管理软件系统主要是指各种服务器的操作系统、网络管理系统、数据管理软件等。网络管理系统负责管理整个硬件网络，包括监控性能、异常事件、记录网络日志等；数据管理软件负责元数据和数据目录管理，包括跟踪元数据、记录和分类可用数据资产的集中存储库，使用户更容易发现和理解数据。

BI系统主要是指数据分析、ETL系统（提取、转换、加载）、数据报告制作系统、数据质量保证等。

数据存储系统是指用于存储、组织和检索数据的数据库系统（常见类型包括关系数据库（例如MySQL、PostgreSQL）、NoSQL数据库（例如MongoDB、Cassandra）和内存数据库）、数据仓库系统（是指针对分析和报告进行优化的专用数据库，允许存储大量结构化数据和历史数据）、数据湖系统（可以处理大量原始、非结构化或半结构化数据的存储库。它们为存储不同的数据类型提供了可扩展且经济高效的解决方案）。

数据挖掘系统是指对数据进行深度价值"挖掘"，它涉及应用各种技术和算法从原始数据中提取有价值的知识和见解。数据挖掘的目标是发现可用于决策、预测和知识发现的隐藏模式和关系。

数据管道是指将数据从 "源" 移动和转换到"目标" 处的流程的编排，确保数据的一致性和可靠性。

数据安全体制，前面章节已做过很详细的解释，此处不再重复。

云服务是指企业/组织将一些数据业务转交/委托给云计算服务商，利用云计算服务进行数据处理、分析和机器学习，使组织能够访问强大的资源，而无需大量的本地基础设施建设。

精心设计和维护的数据基础设施对于企业/组织从其数据资产中获取价值的能力至关重要。它支持数据驱动的决策，提高业务运营效率，并帮助实现各种业务职能的创新。

4， 数据应用

数据应用是指在企业/组织内部和公共服务平台上使用大数据为业务的有效发展和提高服务质量而建立的数据应用体制。它是发挥数据威力的关键环节。

数据应用体制建设包括：

。数据平台

。数据报告

。数据监控

1) 数据平台

数据平台是指数据应用平台，或数据服务平台。它是独立于数据基础设施之上的一种提供"操作服务"的平台。数据平台的建设包括软件开发和网络搭建。

数据平台的设计原则包括以近乎实时的方式处理事物和处理事件，需要支持即时洞察；采用灵活及可扩展的技术架构以适应不同的业务需求，并允许定制以满足特定要求；及可扩展的基础设施，包括设计可水平或垂直扩展的平台，以适应不断增长的数据量和用户需求；能够与外部系统兼容；符合安全合规标准，确保数据平台遵守相关数据保护法律、行业法规和合规标准。

数据平台作为综合基础设施，促进组织内数据的收集、存储、处理、分析和传播。数据平台的功能旨在支持数据管理、分析和决策的各个方面，同时为各个企业/组织内部提供集成的业务流程支持。它作为一个集中式系统，集成了不同的业务功能，可以简化工作流程和实时信息/数据共享。以下是与数据平台相关的常见功能：

- 业务模块和组件

- 数据集成

- 商业智能 (BI)和数据分析

- 工作流管理

- 访问控制

- 与外部系统集成

- 技术设施

业务模块和组件包括涵盖不同业务流程的各种功能性业务模块。常见的模块包括财务 (FI)、办公/生产流程控制 (CO)、销售和

分销 (SD)、材料管理 (MM)、生产计划 (PP) 和人力资本管理 (HCM) 等。

数据集成是指它提供了一个统一的平台，可以集成和共享来自不同业务领域/部门的数据。这确保了整个企业/组织内信息的一致性、准确性和实时可用性。它同时完成数据治理，包括主数据管理，确保数据的准确性、一致性和沿袭性；及数据质量管理，实施流程监控和提高分析中使用的数据质量。

商业智能 (BI)和数据分析是指包括数据 ETL、数据存储、元数据、数据目录及查找、项目进展等管理，和数据分析包括使用统计模型和机器学习算法对未来事件进行预测的预测分析及根据分析和预测建议优化业务流程操作的规范性分析。

工作流管理是指允许组织定义和自动化业务流程以提高工作效率。包括工作流集成和协作流程。工作流集成是指与工作流工具集成，以简化流程并自动化数据相关任务；协作流程是指，使用户能够协作处理与数据相关的任务、分享见解并共同处理分析项目。

访问控制是指提供强大的安全功能来控制对敏感数据和功能的访问。这包括用户角色、授权配置文件和加密等。

与外部系统集成是指对连接器和 API，提供它们与组织数据生态系统内的其他软件、服务或平台集成。

技术设施是指构建在数据基础架构之上，其中包括关系数据库管理系统、应用程序服务器和用户界面的展示层。

设计良好的数据平台可以满足组织在数据管理、分析和决策支持方面的多样化需求。具体功能可能会根据平台的设计、组织的要求以及所管理的数据的性质而有所不同。

2) 数据报告

数据报告，从技术上来说，是指一个业务系统模块，是一种软件或平台。旨在以有意义且易于理解的格式生成、组织和呈现数据。这些系统对于企业和组织做出明智的决策、监控绩效和交流见解至关重要。

数据报告，从业务上来说，即数据的情况报告，包括业务态势、业务分析、发展预测等工具。它寄生于数据平台之上，拥有使用户能够集成数据源、探索和可视化数据、创建可用于制作数据报告的简易数据模型、数据报告制作以及构建仪表板等的报告工具；并使用户能够以各种格式导出报告和数据，例如 PDF、Excel 或 CSV；同时允许用户评论报告或与他人分享见解来促进共享和协作。

实施良好的数据报告系统使企业/组织能够将原始数据转化为可操作的见解，从而促进跨各种业务职能的数据驱动决策。

3) 数据监控

数据监控是指监控整个数据体系的数据质量、安全预警、数据体系/平台访问控制、数据静态/传输安全、信息/文件交流等进行实时观察监控。数据监控涉及对数据相关活动的持续观察、分析和监督，以确保组织内数据的质量、安全性和合规性。有效的数据监控对于维护数据体系的完整性、防止错误、确保遵守法规以及检测数据生命周期中可能出现的任何异常或问题至关重要。以下是与数据监控相关的关键方面和最佳实践：

- 实时监控

- 定期监控

- 自动警报和通知

实时监控，是指实施实时监控解决方案以检测并解决发生的问题。这对于关键系统和数据流尤其重要。

实时监控的内容包括:

a) 性能监控: 监控数据处理和分析系统的性能，以确保及时有效的数据访问和处理。

b) 使用情况监控: 监控数据在整个组织中的使用方式。跟踪用户活动，了解用户行为和访问模式，以识别任何异常或可疑活动。

c) 数据沿袭跟踪: 建立并监控数据沿袭，以跟踪数据从源头到目的地的流向。这有助于了解变更的影响并确保数据准确性。

d) 数据质量监控: 持续评估数据质量，包括准确性、完整性、一致性和及时性。实施数据质量监控工具，及时发现并纠正问题。

e) 安全监控: 实施安全监控以跟踪对敏感数据的访问、检测未经授权的活动并确保遵守数据保护和隐私法规。

定时监控的内容包括:

a) 元数据监控: 监视元数据以跟踪数据定义、结构和沿袭的变化。这有助于保持对数据上下文和用法的清晰理解。

b) 仪表板和可视化: 仪表板和可视化是用来呈现与数据监控相关的关键指标和见解。这提供了一种快速直观的方式来了解数据流程的运行状况。因此，定期检查以保证它们的工作正常运行是非常重要的。

c) 协作与沟通监控: 为促进数据利益相关者、IT/DT/数据安全 团队和业务部门之间的协作，以确保对数据监控目标和流程保持共同的理解。对沟通的有效监控是协作解决数据问题的关键。

d) 审计监控：定期审核审计维护跟踪及日志、记录与数据相关的活动、更改和系统事件；检查事件响应计划并维持最新的版本；定期审核数据恢复程序，包括从数据相关安全事件中恢复情况，包括数据丢失、损坏或未经授权的访问。并及时解决任何与数据相关的问题。这包括预定义的调查、解决和沟通步骤的活动。审计跟踪对于合规性、安全性和故障排除至关重要。

e) 员工/用户培训和意识：定期评估为用户和员工提供有关数据处理/安全的培训效果，有效的安全协议和合规性要求的培训有助于减少人为错误发生的可能性。

f) 持续改进意识：根据数据体系获得的反馈、事件和变化，定期审查和更新数据监控流程。持续改进对于保持积极主动并应对不断变化的挑战至关重要。

自动警报和通知的内容包括：

a) 自动警报：设置自动警报系统，对监控中发生的危险/威胁事件及即将发生的危险/威胁事件进行及时报警。

b) 通知：在检测到预定义阈值出现异常时立即通知相关利益者。

实施强大的数据监控可以帮助企业/组织维护数据完整性、安全性和合规性，从而提高数据驱动决策流程的整体可靠性。

5，数据工作人员

数据工作人员是指经过相关技术训练、参与数据工作的员工，从事企业/组织内部的业务分析，数据分析，数据处理、数据报告、系统管理、数据安全、软件开发及项目管理等工作，是数据体系中的灵魂。

以下是数据工作人员领域中的一些关键角色：

- 业务分析师（BA）

- 数据分析师 (DA)

- 商业智能 (BI) 分析师

- 数据库管理员(DBA)

- 数据架构师

- 数据开发工程师

- IT 工程师

- 数据报告开发师

- 数据质量测试师

- 数据科学家

- 数据运营/管理专业师

- 数据安全专家

业务分析师是指对企业/组织的业务运营进行分析，写出业务分析报告，包括业务类型分类，业务流程，决策流程，业务环节之间数据逻辑关系（数据逻辑模型）等。是大数据体系工作中的先导人物。

数据分析师是指根据业务分析师的业务分析报告，写出数据分析报告，包括数据分类、数据流程、数据物理模型、数据转换关系（源数据 -> 目标数据）、数据存储策略（方案）等。

商业智能 (BI) 分析师是指设计数据处理/数据存储方案，包括数据源分析、ETL 数据转换、数据集/数据库/数据仓库模型等。

数据库管理员(DBA)是指负责实施建设和维护企业/组织的数据库。他们确保数据库系统的数据完整性、安全性和最佳性能。

数据架构师是指设计用于企业/组织存储数据的整体结构和框架。他们创建指导数据系统集成并确保兼容性和可扩展性的蓝图。

数据开发工程师是指从事数据设计、构建、测试和维护数据架构的运行人员。例如 ETL 开发、数据库搭建、数据报告基础建设等。他们构建数据基础设施来支持数据生成、处理和存储。

IT 工程师是指从事 IT 网络设计、构建和维护系统正常运行人员。例如操作系统管理员、网络管理员等。

数据报告开发师是指从事专注于将原始数据转化为业务决策的可行见解。他们使用 BI 工具创建数据图形表、仪表板和可视化报告，以视觉格式传达复杂的信息，以帮助组织了解其绩效和趋势。他们使用工具和技术使非技术受众更容易访问和理解数据。

数据质量测试师是指专注于使用专业测试工具测试数据结果，评估和确认数据的准确性、完整性和可靠性。他们制定并实施数据质量标准和程序。

数据科学家是指使用统计方法、数据挖掘、机器学习技术和编程技能来分析和解释复杂数据集的专业人员。他们致力于创建算法、提取见解、构建预测模型，使系统能够根据数据进行学习和预测，并为数据驱动的决策做出贡献。

　　数据运营/管理专业师是指数据运营（(DataOps)人员和数据管理人员。数据运营人员负责数据管道和工作流程的开发、部署和维护。他们致力于简化和自动化数据流程，以提高效率和敏捷性；数据管理人员负责组织内数据资产的管理和监督。他们确保数据准确、可用并与组织目标保持一致。

　　数据安全专家是数据体系中的重量级人物，他们制定安全政策和指导安全实践，包括保护数据隐私和敏感数据政策，以确保组织内的数据质量、安全性和合规性。他们参予定义数据所有权、建立标准并监督和审计数据相关政策的遵守情况。

　　以上这些角色通常协作形成一个有凝聚力的团队，有助于企业/组织内数据的有效使用。与每个角色相关的具体技能、职责和任务可能会根据组织的规模、行业和特定的数据相关目标而有所不同。

　　以上这些角色的数据专业人员在一般的企业/组织中不可能长期配属，原因是人事成本高昂。故对于这些角色的人员一般采取以下方法对待：

　　。合同制：在数据项目启动时企业/组织自身进行相关人员的社会招聘，项目结束后解聘。

　　。外包第三方：将数据项目完全外包给第三方承包商（乙方），由承包商按照需求（甲方需求）进行人员组织及项目完成。甲方负责资质审查及项目验收。乙方承担后续的项目系统维护。

　　随着数据科学和分析领域的不断发展，新的项目角色和专业可能会随时出现。

第十篇　大数据哲学观

　　大数据体系（大数据生态体系）建设的终极目的是"为人服务"，并从中获取"利益"的，是最终由"企业/组织/人"来享受其胜利果实的，是一个在利益的驱使下进行的体系项目建设。因此，它的建设的基本原则必须是"以人为本"、以"获利"为目标！是一个在资源、人、技术、道德和获利之间必须实现"平衡"生态体系。

　　再者，由于企业/组织的"大数据体系"的建设是围绕着企业/组织内部的"业务结构"展开的，大数据体系中的"数据流"是紧密地联系着它的"业务流"展开的。举例说明，在一个企业/组织内部，存在管理上的"决策流程"，由此产生了相应的决策"数据流"。但随着业务情况的变化、或机构的改革，及决策者的变更（决策者的思想行为往往决定着"决策"的流程），与之相关的"数据流"也必然会发生改变，这是生活中常发生的事情。企业/组织内部的大数据体系的建设也必须适应这种不时出现的重大变化，否则就会出现体制的"僵化"。

　　所以，在大数据的生态体系的建设中，确立大数据的"思想体系"是至关重要的。在这种"思想体系"中，哲学是其"核心"部分！哲学中的"关系学"思想在其中起着"举足轻重"的作用，此外还有"道德"，同样是重要的内容。

　　而一切被应用的"技术"都必须为这种哲学---"关系"和"道德"的实现而服务。大数据的生态环境不是一个单纯的"技术"环境，而是一个"哲学"环境。这也就是我在本章节中做"大数据哲学观"陈述时是围绕着"哲学"，而不是"数据科学"的原因。

　　本篇的内容主要是面向业务/行政管理者和决策制定者。大数据生态环境的建设必须有他们的直接参予，单靠技术人员是无法进行的！

1，大数据学概论

在本书第一篇中讲过，信息不是数据，数据是对事物的一种"描述"。数据学也不是单一的技术学科，它是一门涵盖了社会学、哲学、经济学、计算机学、统计学等众多学科的科学。本篇所述之所以称"数据哲学"而不是"数据学"，是因为"数据学"是学术概念，应有专业人士去严格定义和系统阐述，不是本书的内容。

哲学思想在学术上的定义是：涵盖了关于存在、知识、价值观、理性、心灵和语言等基本问题的广泛思想和观点。

在现实社会中，"数据"同样具有存在、知识、价值（观）、道德和语言等属性，所以我们在对待"数据"，尤其是"大数据"时，同样要以哲学的角度去对待。

在建设社会/企业/组织内部的数据基础设施（大数据生态）时，首先我们要建立一种指导思想 --- 大数据思想。这种思想包括基本原则、概念和意识形态。

大数据哲学反映在大数据建设上，其基本指导原则是：**以哲学为核心，以人文思想为指导，以技术为手段，以报告为目的。**

为什么这么说呢？因为大数据不是一个单一的数据群体，它是一个广泛的数据时代概念，在这个时代里存在着门类繁多、结构多样、数量巨大的数据集群。而在这些集群中，最基本的单元是数据，最基本的单位是数据源，最基础的设施就是数据源形成的网络。因此，在思想上必须形成这样一个概念：数据只有形成"集群"才能最大限度地发挥出它的威力，企业/组织/个人才能从中获得最大的利益。所以我们要建设数据源网络，打好数据基础设施建设的基础。

把数据源形成网络（集群）是一种人为的行为，目标就是实现数据"共享"，目的则是提供"服务"，或服务自己，或服务他人。而数据源之间要形成网络，首先要考虑的是"什么样"的数据源才可以组成一个"合意"的网络？考虑的因素通常包括各种"关系"，如业务关系、社会关系、空间地理关系、时间关系、法律关系等。而确定这些"关系"又与企业/组织/个人的价值观有密切的关系。

一旦数据源形成网络，会带来可"共享"的好处，促进发展；也同时会带来被"攻击"的风险，损害己方的利益；因此在开始建设之前，对各种关系必须进行"辩证"地评估，平衡好各种"关系"，趋利避害地设计出"合意"的"业务模型"。然后以人文思想为指导（因为网络构建是为了给人用的）、必要的技术为手段、按照这种"模型"构建出"好用"的网络/平台（如果不好用，那就是失败！）。

数据报告则是大数据生态反馈给人的建设成果，用平台提供的技术手段（工具），制作出符合业务用途的"数据报告"，它反映"业务流"的运行状况。数据报告的制作目的是：通过展示数据之间的"关系"和表现，帮助业务人员/管理者去"查形观势，辩阴辩阳，改进现状，权谋未来"。由于数据报告是给人看的，它的制作方针是：贯彻以人为本、易于阅读、通俗易懂。再然后以数据报告（或数据集）的形式提供出"服务"给相关利益者。

这就是前面说的基本指导思想：以哲学为核心，以人文思想为指导，以技术为手段，以报告为目的。在整个过程中，"哲学"无处不在！本着这样的"大数据思想"，才能有"觉悟"地、自觉自愿地开展/进行大数据生态环境的建设，才能把这样一件事情办好！

2，大数据方法论

　　在思想明确以后，如何组织开展大数据生态设施的建设？将这样一个思想融进一个大的"哲学"的框架里? 在此基础上又如何实现公共数据资源恰到好处地开放、安全无害地共享？等等。就牵涉到了一个"方法论"的问题，它包括以下六个步骤：

　。分析/评估

-业务现状

-业务需求

　。规划

-战略规划

-资源集成

-文化融合

-安全政策

　。设计

　　　- 业务流程
　　　- 数据流程

- 业务/数据模型

- 项目计划/验收标准

　。建设

- 政策实施

- 技术评估

- 系统集成

　。验收

- 质量测试

- 安全测试

- 可用性测试

。维护

- 系统稳定性

- 人员培训

在以上方法论的各个步骤，有各自不同的任务，简述如下：

在分析/评估阶段，需要完成对企业/组织内部的业务现状的分析与评估，明了自己有什么？现状如何？为实现企业/组织的战略目的，需要什么？内部缺乏什么？评估企业/组织内部当前的数据环境、基础设施和 IT 能力。确定建设大数据基础设施可以解决的差距、挑战和机遇。这一阶段的主要目的是做到"知己"。

在规划阶段，明确定义实施大数据基础设施建设的战略目标；明确定义大数据生态系统产生的最终数据（集）和结果报告的目的和目标，并使它们与企业/组织的目标保持一致，这或包括改进决策、提高效率/利益/创新能力或满足业务监管要求；确定为达到这些目标需要的政策及支持；制定资源系统集成规划，明确资源系统集成的阶段计划，如第一阶段需要集成哪些资源、第二阶段需要集成哪些资源等；并明确为实施大数据基础设施建设达到企业/组织的战略目标，现有的哪些内部文化/习惯/做事方法/组织结构/人员重组等需做出改变，及在此过程中如何实现内部与内部、内部与外部的"文化"进行融合；规划并制定大数据生态的安全保护政策，确保建设的大数据生态（数据基础设施系统）处于一个符合"道德"的框架下。

在设计阶段，要明确定义出业务流程图和与之相关的数据流程图，阐明完整的内部业务流程图像包括与外部联系的内容，阐明各业务流程环节的内容及它们之间的方向性和逻辑关系，如单向/双向/单边/多边关系。并根据业务流程图，阐明各业务环节相关的数据流程，包括静态的、流动的和在环节中被处理后再静至和流动的数据，以及这些数据之间的关系，如哪些环节主要指标数据的变化会引起哪些次要环节相应数据指标的改变。定义数据的类型，并完成相应的业务模型和数据模型。这些设计主要由专业 BA 人员进行，最终由管理层审定认可。

业务流程图主要内容如下：

。业务执行过程流程图

。业务事件决策流程图

。业务更改批准流程图

业务执行过程流程图包括总体流程图和各功能性流程图，如财务、人事、运维、物流等。

业务事件决策流程图是在业务事件的驱动下，管理层的决策顺序视图。

业务更改批准流程图是指遇意外事件影响，管理层对不遵循日常程序而采取的工作程序图。

以电商平台业务为例，其业务执行过程流程图如下：

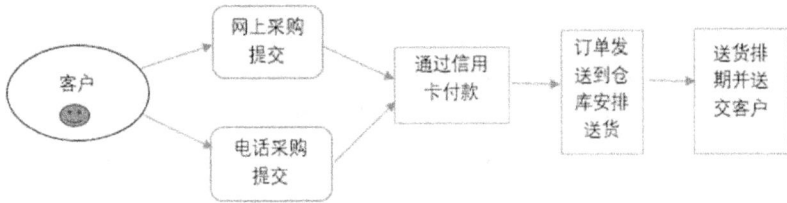

数据流程视图主要是业务程序的数据流程。如呼应上面的
"业务执行过程流程图"的数据流程图如下：

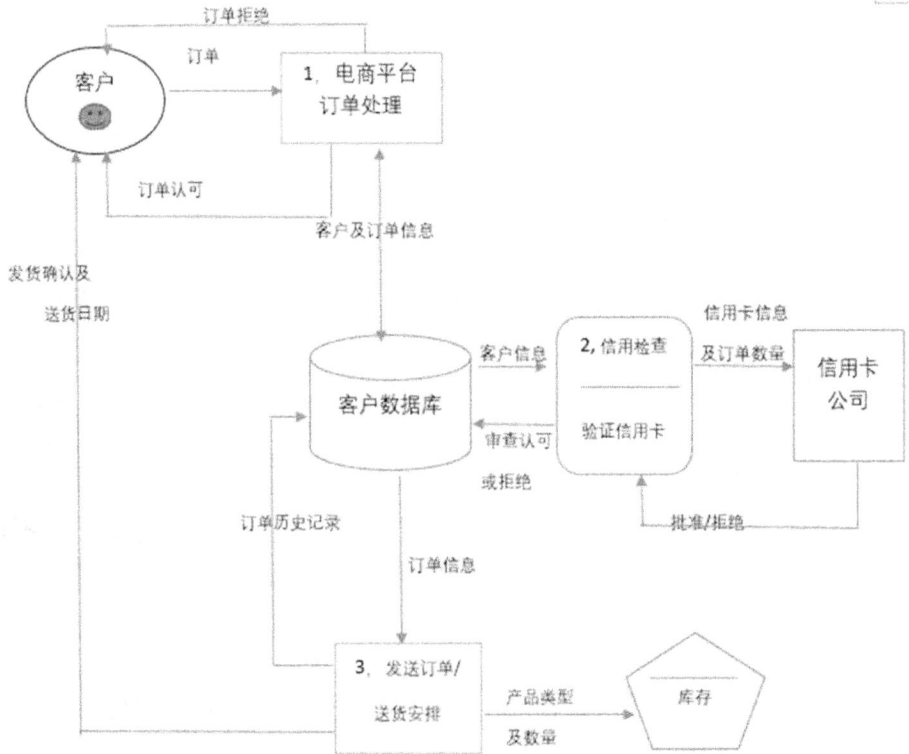

在项目计划/验收标准阶段，由项目经理负责进行项目计划
设计，包括总项目和各相关子项目，确定项目的周期、任务、技
术、日程、验收等。设计/制定项目的测试/验收环境与标准。最
终由管理层审定认可。

在建设阶段，执行相关政策的使用，如数据（源）访问许可的落实等。集中/招聘相关 DT/IT 技术人员，评估技术适用的可行性、现有技术资源和新进技术资源（设备）的兼容性、技术的安全性等，安排必要的技术培训。完成项目的技术开发、相关技术单元/环境的构建、单元/系统联调等。

在验收阶段，按照项目计划书制定的验收环境和标准，进行性能测试、正确性/可用性/可靠性测试，安全措施测试等。

在维护阶段，主要是进行确保大数据生态系统长期运行的稳定，这阶段的主要任务是进行性能/安全监控、安全审核、数据备份、软件系统升级/更新/补丁管理、硬件系统状况检查、员工/用户相关培训、评估不断增长的数据量和增加的用户需求（为评估系统的容量和可扩展性做准备）等。

对于行政管理者和决策制定者来说，对应下来应进行的组织活动包括：

。 大数据生态建设的战略规划

。 数据/数据源的选择标准及价值评估定义

。 数据/数据源关系的定义

。 数据基础设施可行性评估

。 数据/数据源关系模型审定

。 数据团队的组建

。 安全方针的制定

。 评估可能的业务结构调整

大数据生态建设的战略规划包括目标和目的、需求定义、规模范围、政策适用、数据共享、试点计划、成功的定义、事后评估、成本估算等。

数据/数据源的选择标准及价值评估定义主要包括以下内容：

a) 战略价值：

分析定义企业/组织/个人在自身的策略决策、创新、竞争优势建立方面需要哪些数据（集）做支持，选择这些数据的数据源价值高低标准及数据源数据的多样性评估等。

b) 可靠性：

对数据/数据源的稳定性、数据更新的及时性及完整性、服务提供的连续性等与可靠性有关的标准做出定义。

c) 连接成本：

对数据源数据的采集及数据源的连接（包括行政和技术方面）成本做出范围定义。评估获取和维护数据/数据源的成本效益。考虑数据产生的价值与相关成本之间的平衡。

d) 可扩展性：

在数据基础设施的建设过程中，数据源网络也是数据源集成的过程。在这个过程中，不仅要满足容量上的扩充空间，还要在性能上能具有可扩展性。如数据源的优化组合的不断改进，就是数据源价值的持续扩展。因此，数据源的优化组合的标准必须在包括在价值的可扩展评估中。

数据/数据源关系的定义是指对数据与其来源之间的关系和与其派生来源（数据源）之间的联系或关联做出明确描述。这种关系对于理解所使用或分析的数据的来源、可靠性和上下文至关重要。 数据/数据源关系定义主要通过完成以下方面工作进行：

　　。数据视图

　　。数据源视图

　　。数据与数据源的依附关系

　　数据视图是关于生态系统建设所需要的源数据和目标数据的视图。包括三大类数据：开发数据、测试数据、实际生产/业务数据。开发数据是用于软件开发阶段的数据，是实际生产中数据的有代表性的数据，其数据量远远少于实际的数据量；测试数据是用于生态系统测试时使用的数据，其数据量接近、但仍少于实际工作中的数据量。实际生产数据是实际工作中的生产数据（量），用于在生态系统通过测试阶段后进入 "试运行" 阶段是使用的数据。数据视图主要是定义数据的 "元数据"。数据视图对数据库的设计至关重要。数据视图举例说明：

以客户数据视图为例：

<table>
<tr><td colspan="1">集团客户</td><td>个人客户</td></tr>
</table>

集团客户	个人客户
客户名称	客户姓名
客户标识码	客户标识码
组织名称	性　别
组织标识码	性别标识码
组织性质	年　龄
组织总部	年龄标识码
总部地址	国　籍
地址标识码	国籍标识码
采购分支	居住地址
分支地址	地址标识码
业务性质	购物地址
经营范围	购物地址标识码
盈利状况	商场名称
员工数量	商场性质
法人	商场地址
采购时间	商场街区
采购类别	商场标识码
货品标识码	采购日期
货品名称	货品名称
采购数量	采购数量
……	采购时间
	货品类别
	……

　　数据源视图是指根据数据视图，阐明其相应的数据来源是哪些，以及如何利用、连接这些数据源的数据汇聚视图。它同样对数据库的设计至关重要。

　　数据视图数据源视图

数据视图　　　　　　　　　　　　数据源视图

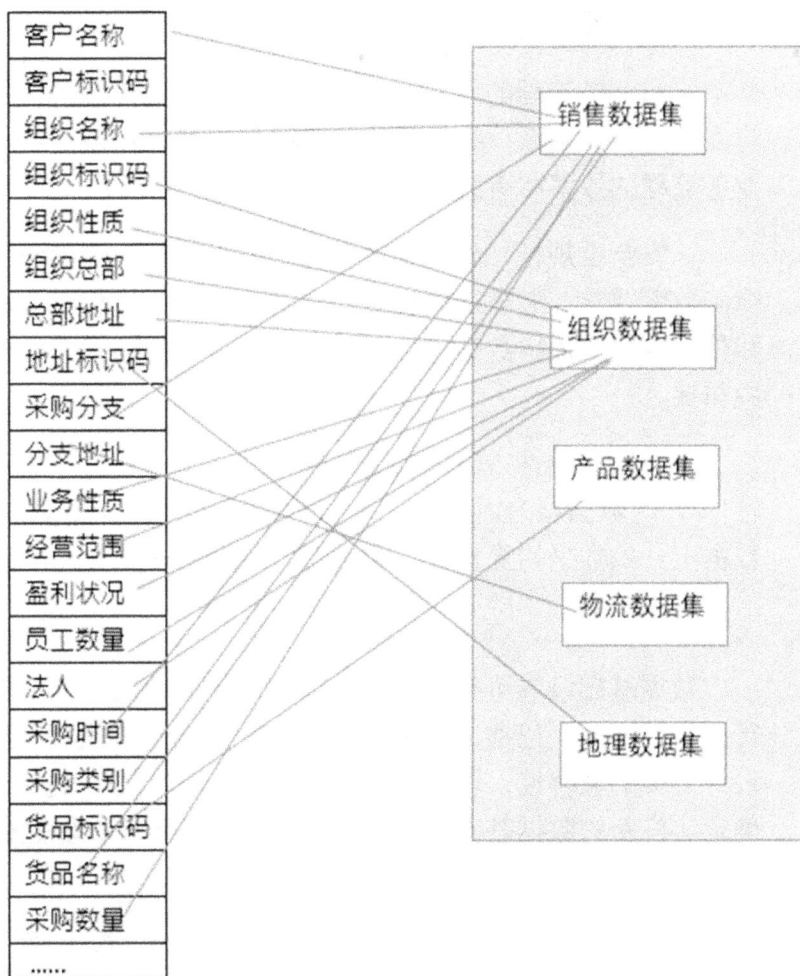

| 客户名称 |
| 客户标识码 |
| 组织名称 |
| 组织标识码 |
| 组织性质 |
| 组织总部 |
| 总部地址 |
| 地址标识码 |
| 采购分支 |
| 分支地址 |
| 业务性质 |
| 经营范围 |
| 盈利状况 |
| 员工数量 |
| 法人 |
| 采购时间 |
| 采购类别 |
| 货品标识码 |
| 货品名称 |
| 采购数量 |
| ...... |

销售数据集

组织数据集

产品数据集

物流数据集

地理数据集

数据与数据源的依附关系

数据与数据源的依附关系是指要定义清楚信息（数据）与其来源之间存在的关系和联系（如上图所示）。数据通常是业务流程的一个组成部分，企业/组织经常集成来自不同来源的数据以创建统一的视图，并进行全面地、准确地定义元数据档案，同时明了数据的转换关系及变化关系。这些依赖关系对于理解和管理各种环境（包括数据库设计、商业智能和数据管理）至关重要。在定义数据和数据源之间依赖关系时要考虑以下方面：

。出处和血统：了解数据的来源对于评估其可靠性和准确性至关重要。建立可追溯性可确保数据的整个生命周期可以追溯到其来源，从而促进问责制和信任。

。与业务流程的关系：要与运营保持一致，明了数据源如何与业务流程的关系，将数据无缝集成到运营工作流程中可以提高业务流程的效率和有效性。

。安全合规性：确保数据源符合数据收集、存储和使用的法律和监管要求。遵守道德隐私法规确保按照法律和道德标准收集和处理数据。保护数据源对于防止未经授权的访问或数据泄露至关重要。

。持续沟通性：确保数据与数据源之间存在持续的"沟通性"，如何数据源方面的变化是否能及时地反映到已被收集到的数据上，如数据的更新等。确保双方数据的一致性和准确性。

数据基础设施可行性评估是指对设计的数据基础设施方案进行可行性评估，包括评估企业/组织内已建立的数据基础设施与设计方案的兼容性，现有方案的实用性和可行性。此评估旨在确定实施新的数据基础设施或修改现有数据基础设施是否符合组织的目标、资源和技术能力。

以下是数据基础设施可行性评估中涉及的关键事项：

。目标审定：确保数据基础设施项目与整体业务目标保持一致。确定改进的数据基础设施如何有助于实现战略业务成果。

。需求评估：确定具体要求，包括业务需求、数据存储需求、处理能力改进需求、可扩展性需求以及与现有系统的集成需求。及与现有 IT 系统的兼容性的符合需求。

。资源评估：评估现有的资源，如现有的人力、财力和技术资源的可用性及可用 程度是否足以支撑将要进行的数据基础设施建设？是否需要外援（或外包）及外援（外包）的程度？

。风险评估：评估拟议的基础设施如何支持数据治理实践，包括数据质量、安全性、隐私以及遵守相关法规。识别与数据基础设施实施相关的潜在风险，及评估与技术、资源和项目时间表等可能存在的相关的风险的减轻策略。

。成本效益评估：考虑数据基础设施建设的前期成本和持续运营费用，了解数据基础设施项目对财务的影响，进行全面的成本效益分析评估，明了数据基础设施建设的好处及挑战。

。项目里程碑和时间表评估：评估数据基础设施建设的里程碑和规划、开发、测试和部署的实际时间表，是否符合企业/组织发展的要求。

。可扩展性和未来增长：评估拟议中的数据基础设施的可扩展性，以适应未来数据量和用户需求的增长。及数据基础设施的灵活性，是否适应不断变化的业务需求。

全面的数据基础设施可行性评估能够帮助企业/组织就数据基础设施的实施或增强做出明智的决策。它确保所选的解决方案符合业务目标、技术要求和资源能力，最终有助于提高企业/组织内的数据应用管理和分析能力。

数据/数据源关系模型审定是指审查涉及评估给定数据模型中数据及其各自数据源之间的关系结构、完整性和有效性。此审查是确保数据模型准确地表示了企业/组织的信息需求、数据质量维护，并与业务需求保持一致性。

这部分要进行的活动主要包括：

。审查数据来源：验证每个数据源是否为数据模型提供了有意义且准确的信息。

。审查关系和依赖性：分析数据实体及其相应来源之间的关系，检查来自不同来源的数据如何集成到模型中。识别依赖关系并了解数据源的变化如何影响整个数据模型，确保集成流程保持数据完整性并生成组织信息环境的连贯且准确地表示。

。审查与业务流程关系：评估数据模型是否有效满足不同业务部门的需求，验证数据模型是否与关键业务流程保持一致并支持决策要求。

。技术文档审核：检查数据/数据源关系的文档是否清晰、完整和准确，确保文档可供利益相关者访问和理解。

。可扩展性：评估数据模型是否能够适应业务需求的变化和不断变化的数据源，以适应未来数据量和复杂性的增长。

数据团队的组建，在数字经济的生态核心是大数据，在本节的开篇讲了，大数据是一个贯彻了"哲学"问题的事物。因此，在组建数据团队时，领头人员必须具有极强的人文哲学意识和业务分析能力，熟悉工作的方法论和极强的文化沟通能力。组员则须有来自不同技术领域的人员，包括 BA、IT/数据库、DT、安全、统计等，且都须具有极强的人文沟通能力。人员的遴选不能仅限于内部，尤其是领头人。

安全方针的制定，这是一项极其重要的内容，企业/组织的最高管理人必要时须直接参予其中。安全方针的起草必须由信息安全专家主持进行，由业务管理/IT 主管/法务配合。最后由最高管理层/董事会在平衡各种风险后最终制定。

评估可能的业务结构调整，是指为了实现以数据驱动的企业/组织最优化发展，对现有的（已存在的）业务结构根据大数据基础建设规划进行评估，做出必要的结构性整改以适应数据基础设施的建设。

大数据方法论为企业/组织提供了一个"驯化"复杂"生数据"的结构化框架，总之，大数据方法论的重要性在于它能够提供结构化、系统且高效的方法来应对大型复杂数据集带来的挑战。它使组织能够释放数据的全部潜力，做出明智的决策，并获得有助于业务成功的宝贵见解。

3)　大数据实践论

大数据是一种复杂的"事物（对象）"组合体，含有巨量、关系复杂的各种对象事物，各种事物/对象之间既有外在的联系，也有内在的联系（即本质的联系）。而且这些内在的联系（关系）还会因为各种"因素"的影响（改变）而发生变化。因此，对待大数据的认识，是一个由外及内，由内及外的循环过程。把握大数据中的各种对象事物，了解其内在本质，了解其逻辑规律及与外在事物对象的关系及受影响规律，和在这些影响下，这些事物对象如何演变、演变的趋势是怎样等等，是我们规划用好大数据时必须掌握的。

要进行大数据实践活动，必须要有一种哲学思想作为指引，一种辩证看问题（事物）的思想，也即是"辩证唯物论"思想作为指引。只有坚持这种思想，才能将各种现有的专业知识融合使用于大数据这种复杂的事物中，才能把大数据这种事情办好。大数据的事情办好了，依托大数据支撑的各种活动，如人工智能（AI）、区块链、数据大模型、数字经济等，才能发挥出它们的正面作用、正面威力。

大数据的实践过程可以分为两个阶段：低级阶段和高级阶段。在每个阶段又都有其特性。

在低级阶段，首先要在表象上认识大数据中的各种对象事物，哪些对象是大数据中的内容？哪些不是？在感性上有一个清楚的了解。即从认识事物对象的表象关系及规律开始。

在高级阶段，则是对已认识的事物对象的内在规律进行"理性"认识，明白对象事物之间的矛盾与关系，如何互相影响、如何互相制约？如何利用事物对象之间的关系变化去预测未来的发展等等。

无论在哪个阶段，认识事物对象、发现规律、认识规律、掌握规律，解决问题是我们做好大数据工作的终极目的。

那么如何认识大数据中包含的各种事物/对象呢？首先要知道这些事物/对象是什么？

从大数据的角度来说，在企业/组织内部，每一个业务部门都是一个"对象"，如人事、财务、营业部、后勤等都是"对象"；而每一个对象有可以进一步细分成更小的对象。在企业/组织外部，如供应商、物流、第三方服务商都是"对象"。而每一个对象又都是一个"数据"的发生地，也就是数据源。所以，对"对象"的认识和管理，也就是对其产生的数据进行认识和管理。这种"对象"的数据集群就属于大数据的范畴。因此，大数据的实践活动我们就可以定义如下：

- 数据采集和摄取

- 数据存储和管理

- 数据集成及处理

- 数据质量的保证

- 数据的访问

- 数据报告

- 数据分析及挖掘

- 数据安全

以上的实践活动内容在之前的章节中已做过详细的介绍，在此不再重复。

通过这些实践活动，我们就可以了解到大数据的本质，就能够把握住大数据的脉搏，就可以驾驭大数据，而大数据又是数字经济最核心的内容。

在大数据的实践活动中，必须坚持传统经验与现代技术相结合的方针。既不能"维理论"，也不能"经验论"。"唯理论"，包括"维技术"的内容，是指只追求"最新"理论或"最新技术"，而忽视了它们的"不成熟性"、"不稳定性"高、"成熟的基础"差等特性，且不注重发挥已有成熟、稳定技术的力量，尤其是在设计各种"模型"时，不注重融合传统经验，一味求新，结果搞出来的东西对事物/对象的真实本质把握不准，与实际脱节很大，不实用。这些是一定要避免的！

同样，一味地依靠"传统经验"（尽管它们曾经是很成功的），不融入新的理论和技术也是错误的。因为时代变化的节奏在不断地加快，要快速适应新的形势，新的要求，一些传统的框架、模式、感性经验方法都要随之改变。这就迫使我们要改变一些传统的做事方法/流程，传统的经验模式，否则，就会在不断加剧的社会/商业竞争中被淘汰！

在大数据实践活动中，还有一个重要的方面要引起企业/组织各级管理层的注意，这就是在整个大数据实践过程中出现的各种矛盾，各种冲突。如果这些事物解决/处理不善，将会直接导致大数据实践活动/项目的失败。

这些矛盾/冲突主要出现在：

。思想冲突

。技术冲突

。人文冲突

思想冲突，主要发生在指导思想认识上，如对 "数字化" 的认识上，有人认为收集一些数据，建个 "数据库 + 网站" 就是企业/组织数字化了，对之后如何利用/使用/开发数据缺乏设想与规划。对数字经济的发展需要有什么必要的 "生态基础" 也认识模糊，认知未跟上。想管，又不知如何管！以为这是技术人员的事，不是管理层人员的事，完全交予技术人员或外包给第三方，自己只听汇报，不参予规划与监管。结果因为几方思想意识不一致，导致冲突，最后只好以服从 "长官" 意志 "平衡" 收场。

技术冲突，是指 "技术性" 冲突。在思想、理论、计划、方案既定后，在后续的开发、测试、试用阶段，由于发现当初选择的技术有不同的缺陷和隐患，影响计划、方案的执行，如开发工具新发现明显的 Bug，新的业务内容的增加或原有的删除，一些前所未料的事情的发生等，都会带来相应的变化。而每一次变化都势必带来项目计划及成本的变化，如项目工作时间延长、新的工作人员/设备加入、成本加大等。这些问题的出现，不仅会在技术人员之间，同样会牵涉到不同的业务管理单位之间。为了应对这种 "冲突"，一个 "技术仲裁" 小组应该在规划阶段就予指定。

人文冲突，主要是指文化上的冲突。如计划建立的新 "生态" 体系与原有的企业/组织体系存在人文矛盾，如某些岗位须合并、某些岗位须撤销；某类人要 "离开"，某类人要新或重新招聘。这直接会改变一些人的 "职业路线"，加之一些 "利益" 的加持，在 "生态" 体系的规划之初，就会直接引发影响 "生态基础设施" 建设的 "因素"。这种冲突如果处理不当，其造成的负面影响要远大于前两种。

　　大数据的实践活动是一种从"认识上升到理性"的阶段，改进传统的感性认知，树立新的理性认知，从而建立一种新的思想、新的框架/模式，以适应新的竞争、新的挑战。

第十一篇　数据市场

数据作为一种产品，或者说是一种资产，现在相信已经没有人怀疑了！既然已经是这样了，那么就会有相应的"市场"出现。

数据市场是一个促进数据提供者和数据消费者之间交换、购买和销售数据的平台或生态系统。这些市场将数据生态系统中涉及的个人、组织和实体聚集在一起，使他们能够交易数据资产。数据市场通过为买卖各种类型的数据提供结构化环境，在新兴数据经济中发挥着至关重要的作用。

当市场出现后，也就会有一系列的"附加"属性出现。如：

1，数据的法律性

信息是行为或活动自然产生的，通常不具有所有权，与信息不同，数据是信息加工后产生的，除具有产品属性，还具有其法律性，如所有权等。

数据的法律性表现在多个方面，有所有权、访问权、处置权、经营权等等。

数据的所有权与它的生产者密切相关，有个人所有权和组织所有权之分。

数据**个人所有权**又分为 2 类。一类是个人天生的及法律所赋予个人的数据权利，为叙述方便，在此成为 A 类；一类是个人创作产生的数据，在此称为 B 类。

A 类数据包括人的性别、身高、年龄、身体特征等，及法律所赋予的如身份证号码/护照号码、社保码、家庭住址等。

B 类数据是指个人创建的原创内容，例如文档、照片、视频或数据集，他们通常拥有该内容的版权。个人生成的数据的所有权通常受到知识产权法的保护。

数据**组织所有权**是指在组织的主导下产生的，同样分为 2 类。一类是组织生来法律赋予的，姑且称为组织 A 类；一类是在组织的合同/协议下，使用其雇员或合作方按照一定的规则"生产"出来的，姑且称为组织 B 类。

组织 A 类数据包括版权、专利权、商标权等。

组织 B 类数据包括在其运营范围内生成、收集或创建的数据。同样包括在协作协议/合同下，与多个外方共享数据的所有权。

在现实社会中，还存在着一种"公开数据"，即发布到公共领域或作为开放数据提供的数据可能没有单一所有者。发布到公共领域的数据不受所有权限制，任何人都可以自由使用。在国际上，这种公开可用的数据集通常受指定允许用途的开放许可证的管理，包括如何使用、共享和归属数据。

数据所有者通常有权控制谁可以访问和使用数据。可以实施访问控制、加密和认证机制来强制执行数据所有权。

数据的访问权，也即数据的使用权。包括对数据（集）的浏览、查阅，及在一定权限下管理下的编辑、修改、删除、导出、共享、添加、范围应用的权利。它是由数据所有者以协议/合同的方式，授予给数据的使用方的一种权利。

在第五篇中，讲述了"数据访问"，就是在获得"数据的访问权"后进行的一项活动。

数据的处置权包括对数据的驻留、归档、撤销、删除的权利。它是基于数据安全保护基础上产生的一种权利。

数据的经营权是在法律、组织和技术因素综合作用下产生的。这包括对组织或系统内数据的管理、处理和运营操作的权利。它包括：数据的日常处理、数据创建、转换、提取、迁移、版本控制、与第三方共享/访问、安全措施采取、安全事件应对、用户培训等内容。

数据的代理权，是指在某些情况下，企业/组织可能指派他人代为行使对数据的一种业务权限。例如，指派某些机构充当其中介，代表数据所有者处理与数据用户之间的活动，包括合乎道德地使用数据。

以上是一些在法律的框架下，加载在数据之上的主要权利。这些权利均可以由企业/组织/个人拥有。具有可委托、转让/出售、收回的特性。

2，数据的产品性

数据是一种产品，这已经被定义了！

但它是一种"无形"的产品，不具有一般产品的物理特性，如形状、尺寸、重量、速度、包装等。数据与普通的产品一样，具有商业价值属性和技术属性，而商业的价值属性又与其技术属性和市场需求密切相关。

在数据领域，同样存在着它的生产者、消费者与中介。同样有着质量、可视化、维护、安全性。这也使其具有与普通产品相同的特性。

数据产品的价值性除了与它的生产成本、历史时期、市场适销性有关外，还与它对企业/组织/个人在见解、预测、决策上的支持作用大小有关。

数据产品的技术性主要是指它的技术含量，包括：

。数据质量：完整性、正确性、准确性、可操作性、可扩展性。

。数据容量：数据集（库）本身涵盖的业务范围多样性及数据量的大小。

。数据合规：对安全法规的符合，包括道德/隐私的处理及隐藏风险大小。

数据的市场适销性，数据本身所具有的实用性、专业性、稀缺性使数据在市场上不仅对已存在的客户具有吸引力，而且具有极强的"鼓惑力"，这对大量的潜在用户尤其如此。

数据的市场适销性源于多种因素的结合，这些因素共同促使数据成为市场上有价值且抢手的资产。这些因素包括以下主要几点：

。商业伙伴

。营销渠道

。行业性

。时效性

。竞争性

。实用性

。多样性

。回报性

商业伙伴是指数据的生产者、数据处理商、数据中介。

营销渠道是指数据是采取场内交易（如数据交易所）、还是场外交易（如民间交易）。

行业性是指面对的是行业内市场，还是行业外用户。

时效性是指实时或近实时数据对于某些用户对象至关重要，例如金融交易、供应链管理和风险分析。

竞争性是指市场上同类产品的存在，影响市场的需求价格。

实用性是指数据与现在（或潜在）用户相关且有用。它满足特定需求，提供见解，并有助于解决企业或个人的现实问题。

多样性是指数据产品包含的数据对象多少，可挖掘的潜在价值高/低。是否具有更广泛的应用并吸引更广泛的受众。

回报性是指市场存在的形势对数据产品的价值造成影响，用户可以从数据中获得的价值和投资回报 (ROI) 会因此出现波动，从而影响出售者在决定数据价值时的决策。及时的数据往往更有价值回报。

总之，认识到数据的市场适销性并将其战略性地定位为宝贵资产的企业/组织，可以释放出新的收入来源、促进创新并创造数据经济中的协作机会。了解不断变化的数据使用格局，并满足数据消费者不断变化的需求是在这个充满活力的市场中取得成功的关键。

3, 数据的交易性

数据具有所有权，具有价值，可以通过交换获得利益。这就决定了数据可以像其它产品一样进行商业交易。

可以称为数据产品进行交换的包括：数据集（库）、数据报告、数据模型、所有权、经营权、访问权、处置权、代理权等。

数据集又分为元数据和交易/生产数据集；

数据报告是一种文档，是一种现况、趋势、见解、预测的情况报告。包括文字、图表、图片等。

数据模型是表示业务对象之间的逻辑/物理关系的。包括商业关系、数学转换关系、映射关系、结构关系等。

所有权、经营权、访问权、处置权、代理权，在之前已述。

以上（但不限于）这些数据产品都可以在市场上进行交易活动，但与一般商品不同的是，数据产品有其特殊性，在交易数据产品需要注意以下与其它商品不同的地方：

。 数据合法性

。 数据隐私性

。 数据敏感性

。 数据风险性

数据合法性，确保作为产品的数据集（库）是符合行业的法律法规，具有一切符合交易要求的交易资质。

数据隐私性，数据是含有各种信息的集合体，凡是符合法律要求不能公开（或没有被授权可以公开）的信息都属于"隐私"的范畴。在数据产品交易时一定要小心检查数据集（库）中是否包含这部分的信息。

数据敏感性，数据是含有各种信息的集合体，数据的敏感常常体现在其中的信息敏感。如宗教、政治、种族等。

数据风险性，数据给个人、组织和整个社会带来的风险可能多种多样。如数据的质量或可靠性可能有问题，会给企业/组织的决策带来一定的风险；数据审查不严格，在安全合规上可能会出现法律纠纷等。

总之，数据的可交易性可以为个人、企业和更广泛的经济（如数字经济）带来多种好处。它们包括（但不限于）：

。数据普及性

据可交易性使更广泛的普罗大众能够获取有价值的信息，从而有助于打破数据垄断，推动数据的普及化。小型企业、初创公司和个人可以访问传统上仅大型企业可获得/可用的数据集。企业/组织无需在内部收集所有所需数据，而是可以从外部来源获取特定数据集，从而节省时间和资源。

。创新与研究

数据交易可以促进不同的数据集之间的交流，可以促进创新，并使研究人员、科学家和分析师能够从广泛的来源获得见解。研究人员和开发人员可以通过访问多元的相关数据集来加速他们的项目，而无需从头开始收集数据。这可以带来更快的产品开发周期和各个领域的创新。如当今在医疗保健、金融和技术等各个领域的进步那样。

。促进经济增长提高市场效率

数据的可交易性可以简化发现、购买和使用数据集的过程，减少了数据提供者和消费者之间交易的摩擦，刺激新的商业模式、鼓励创业以及在数据相关行业创造就业机会来促进经济增长。

。促进跨行业合作

促进来自不同领域的企业/组织，或者行业和部门之间的合作，可以交换数据以应对共同的挑战，从而产生跨行业的协同效应和共享见解。

。加强数据驱动的决策

企业/组织通过交易可获得 各种数据源数据，使它们能够做出更明智、数据驱动的决策。 全面的数据集有助于它们更深入地了解市场趋势、客户行为和运营绩效。

。增强竞争优势

有效地利用数据交易，企业/组织可以获得独特的数据集。根据业务需求创建定制的解决方案，扩展其运营并适应不断变化的需求，从而增强其对分析和决策的有用性，进而保持领先市场的趋势，获得竞争优势，并根据全面的见解做出战略决策。

。加大资产货币化

数据成为资产后，企业/组织/个人又多了一种内部资产。他们有机会通过向感兴趣的各方出售、抵押、或许可数据资产来实现其数据资产货币化。 这就创造了新的收入来源和经济机会。

。增强全球视野

数据可交易性能促进企业/组织对世界各地数据集的获得。这使企业/组织/个人能够深入了解国际市场、包括统计和趋势，促进其全球协作性。

总之，数据可交易性有助于发展强大的数据生态系统，将数据提供者、消费者和中介机构聚集在一起。这个生态系统促进协作、创新和知识交流。

4，数据的资产性

为什么说数据具有 "资产性"？

因为数据是由一系列有价值的信息组成的，而这些信息/数据被认为是有价值的、战略性的，并且对于组织的运营、决策和整体成功至关重要。在内部，它是作为一种宝贵的资源被进行管理的，并为组织/个人的智力资本做出贡献。同时有助于企业/组织/个人用于获取洞察、推动创新和实现企业/组织/个人目标，并提高运营效率、决策流程和整体业务成功。所以数据资源被视为有战略价值的宝贵资源，所以被视为一种"资产"。

由数据组成的、且花费成本形成的任何实体都可以看着是数据资产

它们包括数据集（库）、数据分析报告、数据模型、由 "代码" 堆积而成的数据生产/处理系统。如数据集（库），它们是由一堆数据记录有序的组合成的；如数据报告，它们是由有序的见解，包括数据展示组合成的。数据资产同样可以是一种 "服务"，如提供对某个（种）数据系统的接入/访问/处理服务，从而获得数据资源，类似的如网站服务。

任何与企业/组织的战略发展目标一致的数据都具有战略价值，可作为战略资产对待。

衡量数据的资产性大小，可从以下几个方面进行考虑，包括：

- 与企业/组织业务的关联性

- 数据的血统

- 数据的质量

- 数据安全性

- 数据生命周期

- 数据的法律权

- 数据的可扩展性

与企业/组织业务的关联性，是指数据与企业/组织/个人目标的相关和适用程度。相关数据是否符合业务需求、在多大程度上符合？是否直接/间接有助于决策过程。

数据的血统，是指数据的出处、来源。"血统"越纯正，可靠性越高，资本价值越大。反之，则越低。

数据的质量，是指数据的正确性、精确性、完整性、一致性、时效性，确保其反映其所代表的真实值或条件、完整的数据可确保对主题的全面理解并降低误解的风险、数据的一致性可以防止相互矛盾和差异，确保可靠且统一的信息视图，而及时的数据对于实时决策和确保信息是最新的至关重要。

数据安全性，安全的数据管理对于保护敏感信息和维持利益相关者的信任至关重要。合规的安全交易和支付处理机制被集成到市场中，可以促进数据买家和卖家之间的金融交易。

数据生命周期，包括从创建、获取到使用、存档或处置。在数据的整个生命周期中管理数据有助于优化资源并随着时间的推移保持数据相关性。

数据的法律权，包括所有权、经营权、访问权、处置权等。对数据资产的影响是巨大的，并且跨越了企业/组织内的各个维度。与所有权、经营权、访问权和处置权相关的政策可以减轻在数据运营中发生数据滥用、未经授权的访问和不合规相关的风险；保护敏感数据免遭未经授权的访问，及保护数据免遭未经授权的修改，保持其完整性。完整的法治体系能确保数据资产保持稳定是价值性。

数据的可扩展性，随着时间的推移，数据集（库）的内容也同样要保持与时俱进，确保数据资产与组织的战略目标始终保持一致。因此，在横向/纵向上保持有较高的对其它数据集的兼容性、扩展性就显得极为重要。

总之，数据资产的属性不但包括数据本身的内在品质，还影响其管理和利用的周围环境。了解和管理以上这些属性对于寻求从数据资产中获取价值的组织至关重要。通过关注这些属性，企业/组织可以确保其数据可靠、相关且与业务目标保持一致。

数据产品在被确认为资产后，其中所有权和访问权有助于提高潜在合作或销售中数据的市场价值。同样它们也可以进行/参予金融抵押成货币。数据所有权和运营权都可以成为影响企业/组织将其数据资产货币化的能力。

数据的资产价值确定后，同样也可与数字/虚拟货币挂钩，参予必要的金融活动。

5，数据市场建设

数据交易是需要有一个平台的，这个平台可以是线上平台（Online platform），也可以是线下平台。这个平台就是"数据市场"。

在国际上，数据市场通常为不同市场和不同来源提供各种类型的数据。出售的常见数据类型包括商业情报、广告、人口统计、个人信息、研究和市场数据。

1) 数据市场要素

数据市场分为 2 种，一种是盈利性质的，如数据交易平台、数据交易所；一种是非盈利性质/公益性质的，如数据图书馆、数据阅览室。但不管是那种性质的，**都包括以下的数据市场要素**：

- 数据提供者
- 数据消费者
- 服务平台
- 市场监管

数据提供者，可以是数据所有权者、数据经营者、数据访问提供者等。他们提供合法的数据来源，是平台/市场的数据供应商，也就是数据卖方。

数据消费者，他们是市场上的数据采购者，为完成某种"目的"而寻找特定的数据并予以采购，或为企业/组织/个人服务。他们是数据的买方。

服务平台，即是数据服务/交易的场所。可以是线上/线下的、场内/场外的。

市场监督，如同其它产品交易市场一样，数据交易/服务市场同样存在着必要的市场监管，包括政策，措施和行为。

2) 数据市场活动

数据市场活动，包括交易活动、服务活动、监管活动。这些涵盖盈利性和非盈利（或公益）市场。

数据市场的交易活动包括下列内容:

。 数据产品挂牌列表

。 数据产品发现

。 数据交易和付款

数据产品挂牌列表,数据提供商在数据市场上列出他们的可用数据集,提供数据类型、格式、质量和定价等详细信息。

数据产品发现,数据消费者在市场中可以搜索和发现符合其特定需求和要求的数据集。高级搜索和过滤功能可以增强数据的发现。

数据交易和付款,集成安全交易和支付处理机制到市场中,以促进数据买家和卖家之间的金融交易。

数据市场的服务活动包括下列内容:

。 建立数据定价模型

。 审查数据质量

。 建立许可和使用协议

。 API 集成

。 提供分析和见解

。 交易协作

。 提供相关跨行业产品

。 可扩展性的基础设施

。 用户反馈和评级

建立数据定价模型，是市场的一项重要工作。数据市场须支持各种定价模式，包括一次性购买、基于订阅的访问或按使用付费。定价可能会受到数据质量、相关性和排他性等因素的影响。

审查数据质量，市场须建立质量保证流程，这有助于保持市场上列出的数据的准确性、可靠性和完整性。数据质量标准有助于增强买/卖家之间的信任。

建立许可和使用协议，市场中须有明确的许可条款和使用协议，定了买家如何使用所购买的数据。其中的法律框架确保数据提供者和消费者都了解自己的权利和责任。

API 集成，交易市场应集成应用程序接入接口 (API)，允许直接从市场外无缝访问数据。这使得自动化数据检索与各种应用程序集成在一起成为可能，直接提升服务水平。

提供分析和见解，交易市场提供分析工具，对数据使用模式、流行数据集和市场趋势进行洞察。这些见解可帮助数据提供商优化其产品并实现持续改进。

交易协作，数据市场尽可能提供支持协作计划，鼓励数据提供商共同创建全面的数据集或分析解决方案，及数据提供商可以通过设定价格、谈判合同或参与市场促进的收入共享模型来将其数据集货币化。

提供相关跨行业产品，数据市场尽可能满足各个行业的需求，建立提供具有相关业务性的数据集列表，例如，农业数据列表，链接有相关的金融、保险、零售、气象和其他相关行业的数据集列表。跨行业产品列表不但可以增强市场的多功能性，还可以帮助拓展数据消费者的视野，提高他们的购买欲，从而促进市场的交易活动。

可扩展性的基础设施，数据市场具有可扩展的基础设施，使市场能够容纳越来越多的数据集、数据提供商和消费者。可扩展性能确保市场在需要扩展时保持即刻有效。

用户反馈和评级，数据市场中应具有这样的机制：数据消费者可以根据他们购买的数据集的经验提供反馈和评级。这些信息有助于建立相互信任并帮助其他人在交易时做出明智的决定。

数据市场的监管活动包括下列内容：

。数据监管措施

。数据安全和隐私保护

。合规和法律支持

数据监管措施，数据市场实施监管框架来有效管理数据资产。这包括定义数据使用、访问控制和遵守法规的规则。

数据安全和隐私保护，数据市场要实施强大的安全措施来保护敏感数据，并考虑隐私因素。数据市场通常遵守数据保护法规，以确保负责任的数据交易。

合规和法律支持，数据市场应具有法律方面的协助、合规性检查和遵守监管要求，确保市场上交换的数据合法合规合理。

这里提供一个国际上的云 "数据图书馆" 的例子，网站：www.datalibrary.ca;供大家参考。

"数据图书馆" 模式与传统的社会图书馆基本一样，所不同的是它是以一套套的各类数据集代替传统的字面图书，供人阅览，同时提供数据销售和数据定制服务。

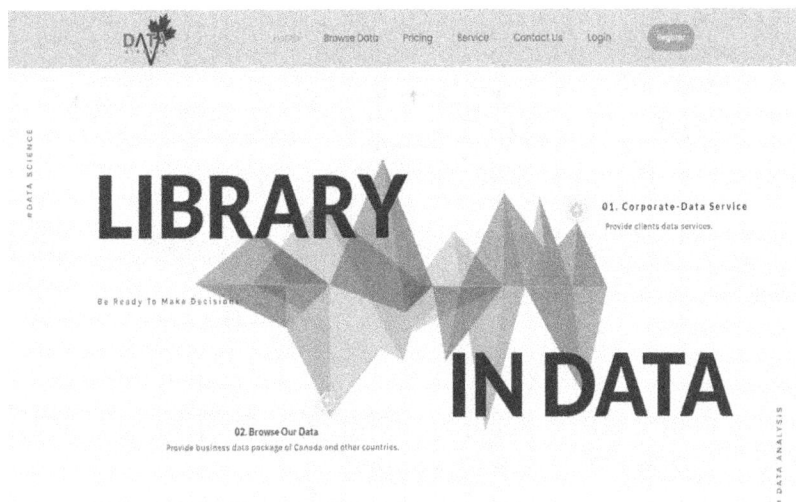

"数据图书馆" 提供以下服务:

　。数据 "书名" 目录浏览

　。读者阅览注册

　。数据集下载

　。数据集定制

　。读者交流

　　数据 "书名" 目录浏览服务，提供各类行业（如 制造业、能源、农业、商业、地产、进出口、经济、金融、社科等）数据集的 "书名" 检索，便于读者查阅。

　　读者阅览注册，类似于普通图书馆的图书 "借书证" 制度。它提供各种 "读者计划" 让读者在注册时选择。

数据集下载服务，提供 CSV 数据文件格式供读者下载感兴趣的数据集。

数据集定制服务，"数据图书馆"凭借自己所有的丰富数据资源为读者/客户提供"数据定制"服务，按照读者/客户要求完成数据定制（包括合规）服务，并收取相应的费用。

读者交流，是指数据图书馆提供读者"交流社区"，让读者对"数据书"及其内容发表看法/意见。

与数据交易所不同的是：数据图书馆拥有所有的"数据书"经营权（或所有权），承担相应的风险。

总之，数据市场（盈利和非盈利/福利的）的建立是有助于数据公开、公平化，使各种规模的企业/组织都能够访问满足其业务需求的有价值的数据集（库）。同时，数据市场需要制定明确的政策，负责任地执行以数据交易为中心的工作，并将数据交易实践整合到更广泛的数据业务战略中，以从数据资产交易中获取最大价值，并最大限度地降低市场风险。

第十二篇　数据产业

在数字经济中，如何对面对铺天盖地而来的海量数据，使用传统的数据库方法已无法轻松、有效地管理和处理海量的、出现/变换速度快的、种类繁多的数据。因此，相应的数据工业、数据工厂和数据金融等新生事物会紧随其后相继产生。并在这个"大数据"时代，助力数字经济的健康发展。

数据工厂是"大数据博弈数字经济"的基础设施中的重要内容。

但是如何进行数据行业（工业）的建设和创新呢？有 2 种方法：一种是建立独立的数据工业体制；一种是非独立的数据依附体制。

独立的数据工业体制，是指独立于其它行业以外的单独行业体制，建立不依附其它任何单位的独立数据收集、存储、整理、分析和解释的连贯体系，包括独自拥有所有的硬件系统、系统软件、工具软件及专业人员。独立管理、独立承担各种风险。与其它所有的行业都保持一种甲方/乙方的业务合作关系。

非独立的数据依附体制，是指依附于某个单位而存在的，使用某个单位独自拥有的各种技术资源。只承担单位内部的业务项目。不独立承担商业风险。这种体制一般只有大型/超大型/巨型企业才配拥有。因为维护费用（设备/软件/人员）极高，一般中小规模企业/组织无法承担。

本篇不对"非独立的数据依附体制"进行过多讲述，而重点讲述"独立的数据工业体制"。因为它才是数据行业/工业的主要部分。将围绕以下几个部分展开叙述：

1，　数据集成冶炼社会化

2，　数据要素提高生产力

3，数据金融投资市场化

1，数据集成冶炼社会化

数据集成冶炼包括建立独立的数据收集、存储、整理、分析和解释的子系统，各系统包括各自独立的项目流、工作流、数据流和性能优化/纠错功能。以数据冶炼为指导方针，建立数据生产流水线，规模性地对海量数据进行集成处理、分析和见解挖掘。

数据集成冶炼的首要任务是建立 独立的"数据冶炼厂"！

什么是独立的 "数据冶炼厂" 呢？

它是一个独立的社会化工厂，一个 "冶炼" 数据的工厂。

那么何为数据 "冶炼" 呢？

以石油行业为例，大家都知道石油从地底下抽出来后是 "生石油"，也叫 "原油"，是不能直接拿到消费者终端上使用的，如直接提供给汽车发动机使用。必须经过化工厂进行冶炼成柴油、汽油、煤油后才能拿给消费者使用的。数据也一样！

数据在初始的原始状态时，我们称其为 "生数据"，如商场里每日产生的 "购买·数据"、股市里每日的"交易数据"、工厂里每日的 "生产数据"、"物流数据" 及各种传感器产生的数据等等。这些原始数据每日都大量堆积。对管理层来说，这些海量的数据是不能直接拿来使用的。因为它们反映不出任何的规律、趋势，无法形成有效的业务见解。因此，对源数据（生数据）也必须经过"冶炼" 才能使用，只有通过"冶炼"才能帮助将出现的离散的、无逻辑的、非结构化的海量数据变成用户需要的"决策系统"。而数据冶炼厂就是完成这样的任务的。

这与我之前举得 "厨房" 例子颇为相像。

一，数据冶炼厂应该包括什么样的内容和技术呢？

首先，在硬件方面，它应该包括：

。计算机服务器：包括内层的中央服务器、数据库服务器、网络管理服务器；外层的数据访问服务器、开放数据服务器、公开数据库服务器等。各种角色的服务器根据"任务"不同，具有不同的硬件配置，如 CPU 数量、内存大小、I/O 能力强弱等。

。数据存储系统：除硬盘/光盘外，容错性极高（如 RAID 5 级）磁盘阵列也是必须包括的。

。数据传输系统：主要指数据的通信系统，如互联网/物联网/电信专网（如 VPN）。包括各种路由器、桥路器等。

。数据备份系统：为做到数据的高级别保护，尤其是"意外"发生时，防止数据丢失、服务长时间中断，必须具有数据备份系统（最好是"异地备份"），进行数据恢复及服务接续。

。数据安全系统：与数据备份系统不同，数据安全系统主要承担数据安全保护任务。如防止数据被窃取、被非法访问、系统被黑客攻击/勒索等。这部分既有硬件内容也有软件方面的内容。在硬件方面，主要是包括：数据场所的保护措施，如机房温度/湿度、门禁系统、监控系统、警报系统等。

其次，在软件方面，它包括：

。系统软件：必须是服务器版软件。目前主要是 Windows 和 Unix 两种版本。

。通信软件：完成系统单元之间的"链接"任务。在选择时，兼容性和安全性是主要考虑的因素。

。工具软件：除数据库软件外，业务智能(Business Intelligence)软件是必须包括的。它主要用于完成数据处理（如收集、清洗、质量保证、数据转换、数据存储控制等）任务。

。安全软件：是指各种系统监察软件，如对邮件、文档、设备、设备访问、人员等的监察，杜绝不良行为的发生及发生后的阻止和报警等。

。数据流水线：数据流水线是一种软件设施。由一系列按照不同任务编制/开发的"代码"组成。是数据冶炼厂的核心内容。它主要内容如下图所示：

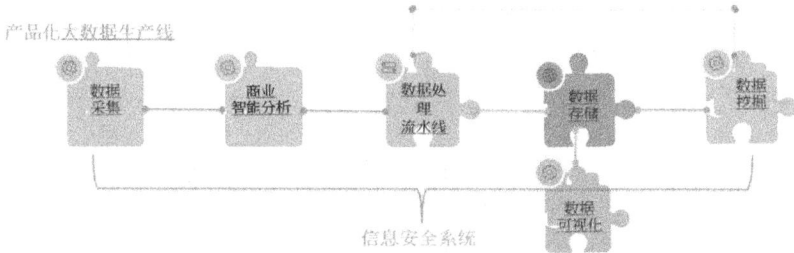

它主要集成了业务智能处理技术、数据存储技术、数理统计、数据可视化等技术。数据流水线是一种以各种"子任务"为目标的"子模块"集成的。这些"子模块"可以根据不同的任务目标进行"调参"形成新的任务"目标"。它的主要任务就是"冶炼"数据！

以下是数据流水线的模型示例：

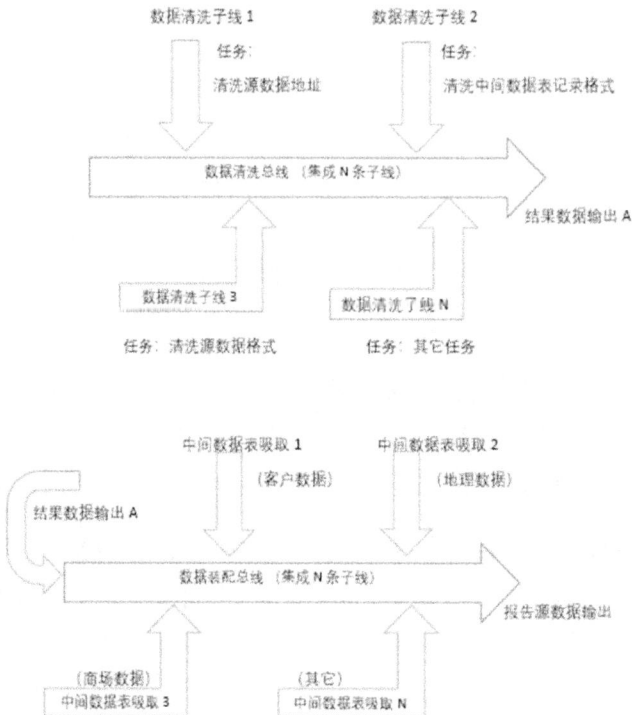

　　数据流水线工作一旦启动，中间过程无需人工介入。数据流水线的好处是：即适合打规模、大批量数据处理，也适合小规模、小批量数据处理；且均能保持以下优势：

- 标准化
- 高性能/高精度
- 高可靠性
- 高可用性
- 高安全性

　　。数据实验室：是用于测试"商业模型"、数据模型、评估"数据报告"的所在，是数据产品的最后质量验证处。

　　再次之，安全措施，它包括：人员安全培训、安全管理政策、安全定期审计等。

2，构建独立的大数据冶炼厂使用什么样的技术

　　使用商务智能 (BI) 技术！

　　它是一个技术驱动的业务流程和工具包，它使企业能够收集、集成、分析和可视化数据，从而支持明智的决策。

为什么用 BI?

　　它能整合来自各种来源的数据，并以以下格式呈现：

- 数据仪表板

- 数据报告

- 交互式可视化数据展示

- 面向业务用户的自助服务工具

BI 技术的关键组件：

- 数据集成：ETL（提取、转换、加载）流程，用于整合来自不同系统的数据
- 数据仓库：存储已清理结构化数据的中央存储库
- OLAP（联机分析处理）：多维查询，用于快速、精细的分析
- 可视化工具：仪表板、图表、图形（例如 Power BI、Tableau、QlikView）
- 报表工具：用于运营或战略决策的计划或临时报表
- 自助式 BI：允许非技术用户自行探索和分析数据
- 数据治理：确保 BI 环境中的数据准确性、访问控制和合规性

3，BI 构建大数据冶炼厂的优势

1）实时监控

- 仪表盘显示数据流、延迟和瓶颈
- 管道中断或异常时发出警报

2）质量控制

- 数据一致性、完整性和重复性的可视化审核
- 数据可靠性评分系统

3）运作性能优化

- 跟踪 ETL 性能优化、每 GB 处理成本和吞吐量
- 识别运转慢的队列并优化系统使用率

4）业务价值实现

- 将精炼数据（例如销售预测、客户流失评分）与业务 KPI 关联
- 展示原始数据如何转化为驱动投资回报率的洞察

5）跨部门协作

・允许市场营销、财务、研发和运营部门使用相同的可信数据基础构建各

自的仪表盘

4，使用 BI 构建大数据冶炼厂的方法论

为了利用商业智能 (BI) 技术构建数据精炼厂，我们采用分层迭代的方法，将数据工程、治理、分析和用户参与集成到一个统一的框架中。

1）目标是：

- 将杂乱的数据转化为可管控的洞察
- 支持实时数据驱动的决策
- 支持自助式商业智能 (BI)，以实现可扩展的分析应用
- 持续提升数据质量和洞察价值

通过可重复、受管控且与业务一致的流程，将原始数据转化为精细的决策级洞察。

2）步骤：

1)) 数据发现与需求协调

- 确定业务目标：必须支持哪些决策？（例如，客户流失、成本优化）
- 映射关键数据源：内部（ERP、CRM、物联网）和外部（社交媒体、开放数据）
- 定义关键绩效指标 (KPI) 和指标：与业务部门（财务、市场营销、运营）保持一致。

2)) 原始数据提取

- 连接结构化、半结构化和非结构化数据源
- 使用 ETL/ELT 工具或流式处理框架（例如 Kafka、Airbyte）

3)) 数据清理与标准化

- 处理缺失值、重复值和格式不一致
- 应用数据验证规则和字典
- 完整性百分比
- 一致性百分比
- 及时性

4)) 数据转换与建模

- 将多个数据集合并为逻辑业务视图
- 为特定领域（销售、人力资源、生产）创建数据集市
- 应用维度建模（星型/雪花型模式）

5)) 数据存储与优化

- 将干净的结构化数据存储在数据仓库（例如 Snowflake、BigQuery）中
- 将历史数据和原始数据归档到数据湖中

6）） 可视化、报告和决策支持

- 创建交互式仪表板（Tableau、Power BI、Qlik）
- 生成定期报告和警报
- 将 BI 嵌入业务系统（CRM、ERP）以获取情境感知洞察

7）） 数据治理与持续改进

- 实施数据目录、沿袭和词汇表
- 跟踪使用指标：哪些仪表板被使用？由谁使用？使用频率如何？
- 应用反馈循环进行仪表板重新设计或新的 KPI 建模

5，独立的大数据冶炼厂的三项核心内容

建设独立的大数据冶炼厂，有以下三大核心内容：

- 数据模型：包括逻辑模型和物理模型
- 数据映射法则：在本书的第三篇中数据转换章节也做过阐述，不再赘述。
- 数据基础设施：包括数据源网络、数据集成/转换、数据访问/流通、数据质保（QA&QE）、数据存储、可视化展示、数据安全等体制的建设。

6， 独立的大数据冶炼厂的任务/服务：

1)   数字资产建立，包括历史数据整理、数据价值挖掘、可供交易/流通的数据模型/数据包构建。。。

2)   企业/组织内部的数据解决方案

包括：数据基础、过程优化方案、决策支持体制构建、情况报告体制构建等

数据冶炼厂是集中了众多的优质技术资源于一体的社会化实体，它的主要服务对象是以中小企业/组织为主，服务大型/巨型企业/组织为辅。因为中小企业/组织与财大气粗的大型/巨型企业/组织不同，他们由于资金有限，无法独自承担高昂的设备、软件费用，更养不起高素质的专业人员。但又确实在数据方面有强烈的需求，因此中小企业/组织与"数据冶炼厂"合作，利用"数据冶炼厂"的技术资源是他们在当今这个以数据驱动的商业环境中获得"数据优势"的最好选择。

同时，数据冶炼厂对大数据社会化、数字经济的高质量发展都能起到良好的推动作用。

7，独立的数据冶炼厂的市场价值是什么？

数据冶炼厂整合了各种大数据元素于一体，它的模式具有巨大的市场价值，并且可以解决企业和组织的几个痛点：

- 节省成本：许多企业面临着投资昂贵的基础设施、软件和熟练人员以有效管理和分析数据的挑战。通过将数据处理和分析外包给数据冶炼厂，这些企业可以避免与高端服务器、软件许可证和雇用数据人员相关的前期投资和持续维护成本，从而显着节省成本。

- 获得专业知识: 中小型企业通常缺乏有效管理和分析数据的专业知识和资源。数据冶炼厂可以为熟练的数据分析师和数据科学家提供帮助, 他们可以利用先进的数据处理软件和技术从原始数据中提取有价值的见解, 帮助企业做出明智的决策并推动增长。

- 可扩展性和灵活性: 企业在扩展数据处理和分析能力以满足不断增长的需求或适应不断变化的业务需求方面可能面临挑战。数据冶炼厂可以提供可扩展且灵活的解决方案, 使企业能够根据需要获得额外的处理能力、存储容量或分析能力, 而无需管理基础设施或雇用额外员工的麻烦。

- 数据质量和一致性: 原始数据通常需要进行清理、标准化和转换, 然后才能用于分析或报告。数据冶炼可以通过应用数据清理、规范化和丰富的最佳实践来确保数据质量和一致性, 帮助企业信任其数据驱动洞察的准确性和可靠性。

- 专注于核心能力: 通过将数据处理和分析外包给数据冶炼厂, 企业可以腾出宝贵的时间和资源来专注于其核心能力和战略计划。企业可以依靠您的专业知识高效且有效地处理这些活动, 而不是陷入数据管理和分析任务的困境。

总体而言, 建立数据冶炼厂提供数据处理和分析服务的模式可以解决企业和组织的关键痛点, 包括节省成本、获得专业知识、可扩展性、数据质量以及专注于核心能力的能力。因此, 它具有巨大的市场价值, 尤其可以吸引那些希望释放数据价值而无需内部管理数据的企业。

8，独立的大数据冶炼厂建设生命周期

- 规划 → 我们需要哪些数据和 KPI？
- 构建 → 连接、整理并清理数据
- 优化 → 建模并存储干净的业务就绪数据
- 可视化 → 设计 BI 仪表板
- 决策 → 使用 BI 支持业务决策
- 改进 → 获取反馈并增强

9，构建独立的大数据冶炼厂三要素

综合以上所述，构建大数据冶炼厂须满足以下三要素：

- 方法论
- 技术
- 工具平台

其之间的关系如下：

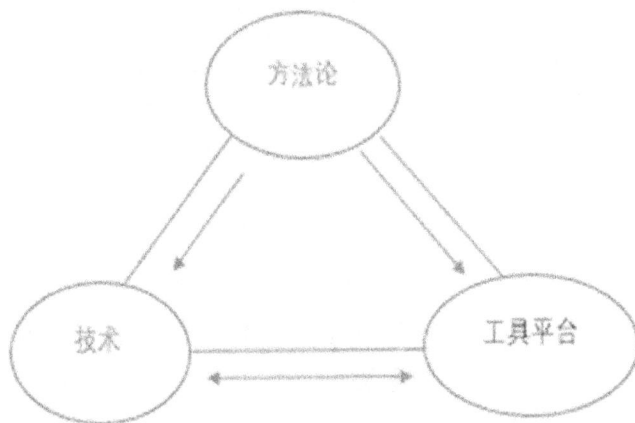

数据社会化冶炼三要素

二，数据要素提升生产力

数据冶炼厂的产品 --- 数据集（库）、数据报告、数据模型最终都是要给数据消费者用的。也就是说它们最终要与其它行业的生产要素相结合，成为促进消费者行业有效发展的"催化剂"、或新的生产力要素。这就出现了"要素"之间的集成！

数据要素，之所以出现这一称谓，是因为数据的价值性已经使它在生产力的发展提升过程中，与其它的要素，如技术革新、人员训练、行业协作等，进行有效的结合，会产生出极大的威力，促进这些要素发生变革，从而进一步地推动生产力的发展。

这种与其它生产力要素的结合，用数学模式描述的话，如下：

生产力提升= 数据要素 * 其它要素（如技术革新、专业人员、行业协作等）

在此为便于理解，在此给出一个应用场景，仅以 10 年之前做过的某个西方国家项目案例为例进行说明：

当前世界经济困难时期，为了保持经济稳定并克服经济衰退的影响，某市区能源供应商企业 (业务：提供水、电、燃气给城镇居民) 决定专注于使用数据来提高运营效益和生产力，而不是采取严厉的措施（如裁员）。于是它使用历史数据分析来发现趋势和见解，并评估当前数据，以了解市场、客户及供应商的行为，做出精准的未来能源供应计划和方案，可以确保降低成本，提高盈利能力，并建立竞争优势。

于是它对外召集了一批专业人员，包括商业分析师（BA）、数据技术（DT）人员、项目经理与内部的业务主管、IT 人员联合成立项目组，开展对之前 10 年内的历史数据进行分析、整理、挖掘。

这些历史数据包括：能源（天然气和电力）供应数据、消费者（客户）数据、天气数据、社区楼宇数据、能源供货商数据、自身财务/人事/设备数据等。

项目逻辑图如下：

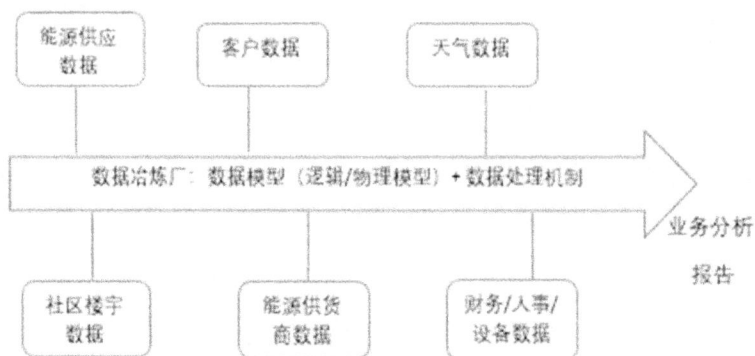

项目组首先完成了原始源数据分析，建立数据模型，指明各类数据集之间的业务逻辑关系（如单/双边关系、相互制约关系等）、数据库（表）之间的物理关系（如数据表中记录之间的变化关系等）。其次，在数据工厂内完成繁杂的数据处理过程（如第二至第四篇所述）。最后根据目标数据库完成各种数据报告，并通过分析这些数据报告明了以下内容：

。气候对能源供应的影响

。社区楼宇对能源消耗的影响

。客户行为对能源消耗的影响

。供货商与采购成本

。公司内部人事成本消耗与能源供应行为的关系

。公司设备运转与供应情况

通过对"气候对能源供应的影响"报告的分析，明了气候在过去20年的变化情况对能源供应消耗的影响，如在冬季/春季/夏季/秋季，温度的变化情况在某个月份的规律，及在这种规律下，能源供应的变化规律。并结合未来5年的气候预报数据，预测未来气候可能的变化对未来能源消耗的影响。

通过对"社区楼宇对能源消耗的影响"报告分析，明了社区内老旧新楼宇的分布情况、数量多少、能耗季节情况（淡季/旺季等）变化对能源供应的影响。如同类型的楼宇（如酒店）在不同地点的公共能耗历史情况，结合未来社区发展数据，如对楼宇的改造计划及新建计划数据进行分析，发现未来某片区域能源供应的消耗趋势。

通过对"客户行为对能源消耗的影响"报告分析，明了家庭（单元）客户在过去20年里的各年内的各个季节（月份），节假日与平时、在气候温度变化影响下能源消耗的形势与规律。结合未来5年的气候变化预报数据，节假日变化情况数据（如连假情况）进行综合分析，预测未来这方面的能耗变化及趋势。

通过对"供货商与采购成本"报告的分析，明了能源供货商的季节/时段的价格变化历史情况，找出历史变化与采购成本之间的关系规律。结合未来5年能源市场变化预报数据进行分析预测，预测未来的变化趋势，制定精准的未来能源采购计划，从而减少能源采购过多浪费或采购不足的状况发生。

通过对"公司内部人事成本消耗与能源供应行为的关系"报告分析，明了内部用工成本与能源供应活动的关系的历史情况。如在在过去20年内，用工（固定工，零时工、合同工）成本随能源供应活动变化状况（如什么季节高/低等），发现过去的"弊端"及"堵点"，找出未来优化的方法，减少行政成本消耗。

通过对"公司设备运转与供应情况"报告分析，明了公司内部设备在过去20年内的维护情况与能源供应和气候变化的规律，找出"弊端"，结合未来的能源/气候数据，发现优化设备运维的方法，及制定更换/更新技术及设备计划，减少由于设备的运行带来的自身能源消耗，及设备故障对客户关系的影响，从而减少自身的财务成本，也稳定了自己的客户群。

通过完成这些分析，公司明了了如何进行"优化"改革，降低能源采购及供应上的盲目性，在未来 5 年内减少自身的消耗，进行技术革新，提高自己的效率，稳定和扩大自己的客户群及市场占有率，提升盈利的幅度，加强自身在行业中的生存力和竞争力。

这就是"数据要素"对生产力的提升！ 符合前面提到的数学模式：

生产力提升= 数据要素 * 其它要素（如技术革新、专业人员、行业协作等）

我在第七篇"数据挖掘"中给出的一个应用场景的例子（**制造业工厂中生产线上的"智能设备预测维护平台"**）也同样符合以上的模式。

综合以上例子中的数据报告情况，再进行进一步的数据"挖掘"还能发现更多有价值"见解"。重复在第七篇 --- 数据挖掘 开篇的一句话：**"数据能告诉你的远比你想知道的要多得多"！！！**

而数据资产的投资回报不仅体现在企业/组织的生产力提升过程中！还通过评估收入线、成本削减机制或关闭表现不佳的部门来衡量的。企业/组织通过创建显示关键绩效指标、趋势和可利用的收入流的可视化表示来确定数据资产的利润大小。

三，数据金融投资市场化

数据作为资产进行金融化，又投资回市场，是数字经济中的一个新的趋势。

数据资产可以是公司用来产生收入的系统、应用程序输出文件、文档、数据库（集）、数据报告（见解）、数据模型或网页等。它们是大数据时代最有价值的资产，是企业/组织花费大量金钱开发出来的，并投入不少的金钱来管理这些资产。

以 Uber 和亚马逊公司为例，这 2 家公司都连续多年亏损，但尽管如此，这 2 家公司在市场（如金融市场）上，仍然具有极高的市场估值，原因之一就是其积累的大量数据资产（如客户数据、市场数据等）而使它们极具市场价值。因为市场明白，这些数据对他们来说，能提高他们业务发展、投资等方面的精准性和成功率，对未来利润收入提高来说是重要的"生产要素"。

企业/组织维持它们的数据资产有助于它们改进决策、服务客户并产生新的收入来源。当今，脸书（Facebook）、谷歌（Google）和奈菲（Netflix）等大多数科技公司主要依靠其数据资产来设计新产品、改进现有产品以及创造更好的方式为客户提供价值。

企业/组织收集并存储有关各种事件、信息和交易的数据。通常，大多数组织都会存储有关客户兴趣、消费行为、社交媒体、预算、战略计划等的数据。收集的信息经过管理并提炼为可用信息/数据，都属于数据资产的范畴，它们使企业/组织能够更好地服务客户并在市场中保持竞争力。

同时，数据资产是可以在市场上销售、购买和使用的，在这些过程中都会产生"经济价值"。这些"价值"具有"抵押性"和"交换性"。这些属性已经引起了一些金融机构的关注，尤其是新兴的"虚拟货币"的兴趣。这些因素都助推了数据资产走向金融化的进程。

数据资产的金融化，是涉及利用数据作为一种金融资产形式。以下是当前国际市场上数据资产金融化时，需要考虑的步骤和策略：

- 市场研究和需求分析策略
- 定价有价值的数据资产
- 创建数据产品和服务
- 数据货币化策略
- 数据许可协议
- 数据支持证券
- 数据经纪服务
- 审查数据安全
- 持续评估和优化

市场研究和需求分析策略，是指进行市场研究以了解对特定类型数据的需求。根据市场需求和趋势定制您的数据金融化策略。

定价有价值的数据资产，评估组织内的数据资产，以确定具有潜在经济价值的数据资产。这包括客户数据、市场趋势、运营数据或任何可以货币化的数据。同时对有价值的数据资产进行"定价"。

"定价"是一个复杂的过程，原因之一是：数据具有很大的私人价值成分。如一套数据集，它对一个拥有者的价值并不代表它对另一个投资者或公司的价值。如果采购方投资者利用购买的数据能做出更准确的预测，那么数据不仅在提高了他们利润的同时，也化解了风险。风险解决方案对他们可能是最大的数据来源价值。卖家（数据拥有者）如果能洞察到这一点，就可以要求以更高的加价形式来补偿交易风险。

创建数据产品和服务，根据被识别的有价值的数据资产，开发满足市场需求的数据驱动产品和服务。这包括分析报告、行业见解、预测模型或任何为潜在客户提供价值的数据产品。同时，整合数据产品具有高质量、并符合行业标准，可靠而准确的数据能增强其市场价值和对潜在买家的吸引力。并且为可能没有能力分析自己数据的客户提供数据分析和洞察服务。提供可行的"见解"可能是客户愿意付费的一项有价值的服务。

数据货币化策略，制定清晰的数据资产货币化策略，包括对涉及直接出售的数据集、向第三方许可的数据或将数据合并到企业/组织的新产品和服务中；使用区块链对数据资产进行代币化，也可以实现更加透明和高效的商业交易。

数据许可协议，与可能从你的数据中受益的其他组织建立合作伙伴关系，创建许可协议，指定如何使用你的数据、许可期限以及任何其他条款和条件。许可协议提供了一种在保留所有权的同时，共享数据的结构化方式。

数据支持证券，创建由数据资产支持的金融工具或证券，考虑将与数据相关的"收入流"打包成具有潜在投资者的投资产品。

数据经纪服务，考虑与可以充当数据卖家和买家之间中介的数据经纪人合作。数据经纪人可以帮助将你的数据资产与寻求采购特定数据的组织相匹配。

审查数据安全，确保你的数据活动符合法律和监管要求，审查数据本身的道德使用（如是否符合 GDPR、HIPAA 或其它行业特定标准），特别是在数据隐私和安全方面。随着数据隐私和安全意识的增强，透明度和道德考虑变得越来越重要。

持续评估和优化，持续评估你的数据金融化策略的绩效。根据各方反馈、市场变化和新兴技术优化你的策略及方法。

四，数据冶炼出数字资产

作为 "独立的数据工业体制"，数据冶炼厂可以通过以下多种方式为企业/组织/集团创建他们自己的数字资产：

数据集成和整合：数据冶炼厂能聚合来自整个企业各个来源的数据，包括内部系统（例如 ERP、CRM、HRM）、外部来源（例如社交媒体、市场研究）和第三方数据提供商。通过将数据集成并整合到集中存储库中，包括创建了宝贵的数字资产：组织数据环境的统一且全面的视图。

数据仓库和数据湖：数据冶炼厂能帮助创建数据仓库和数据湖，它们分别作为存储和组织结构化和非结构化数据的集中存储库。这些数据存储库充当数字资产，为整个企业的分析、报告和决策提供基础。

数据建模和元数据管理：数据冶炼厂支持数据建模和元数据管理功能，允许企业定义数据结构、关系和业务规则。通过创建元数据目录和数据字典，数据冶炼厂帮助增强了数据治理，并为理解和解释组织的数据资产提供了有价值的文档。

数据可视化和报告：数据冶炼厂能提供数据可视化和报告工具，使用户能够以直观和交互式的方式探索和分析数据。通过创建视觉上引人注目的仪表板、报告和记分卡，数据冶炼厂能将原始数据转换为可操作的见解和数字资产，推动整个企业做出明智的决策。

高级分析和预测建模：数据冶炼厂支持高级分析和预测建模功能，包括机器学习算法、统计分析和数据挖掘技术。通过应用这些技术来分析历史数据并识别模式、趋势和相关性，并生成预测模型和数字资产，帮助企业预测未来的结果和机会。

自助分析和数据发现：数据冶炼厂为业务用户提供自助分析和数据发现工具，使他们能够独立探索和分析数据。通过民主化数据和分析功能的访问，在企业内部培育数据驱动的文化，并以授权和知情的决策者的形式创建数字资产。

数据治理和合规性：数据冶炼厂通过数据处理实现数据沿袭、数据质量管理和访问控制功能来促进数据治理和合规性计划。通过确保数据资产准确、一致和安全，数据冶炼厂增强了利益相关者和监管机构对组织数字资产的信任和信心。

协作和知识共享：数据冶炼厂使用户能够与同事和利益相关者共享见解、分析和报告，从而促进用户之间的协作和知识共享。通过创建一个共享和传播信息的集中平台，促进企业内部的协作和创新，并以共享知识和专业知识的形式生成数字资产。

总体而言，大数据冶炼厂使企业能够有效利用其数字资产，获得可操作的见解，并做出明智的决策，从而推动企业/组织/集团的业务价值提升和竞争优势的加大，从而为企业创建更加丰富的数字资产。

未来能设法将积累的数据货币化的企业/组织可以获得收入市场支配地位，并利用该地位榨取"垄断性收益"。然而，眼光必须远大，只以推断当前的利润，是不太可能捕捉到这种未来的"市场优势"的。

在数字经济中，由于数据货币化是一种新的商业模式，老字号、大企业、历史悠久的企业/组织具有商业交易的信息生成的大型数据集，这给了他们天然的优势。但对于新公司来说，由于面对他们的市场存在，解决有关竞争和壁垒打破的问题，需要有新的战略来应对新的挑战。

请记住一句话：

在数字经济中，要想得到数据的回报，不能只计算眼前的利润！

第十三篇　大数据博弈策论

数字经济生态的核心内容是"大数据"！即门类繁多、数量巨大、无处不在的大数据群。我在这里用下面的图形来做一个关系表示：

数字经济数据圈

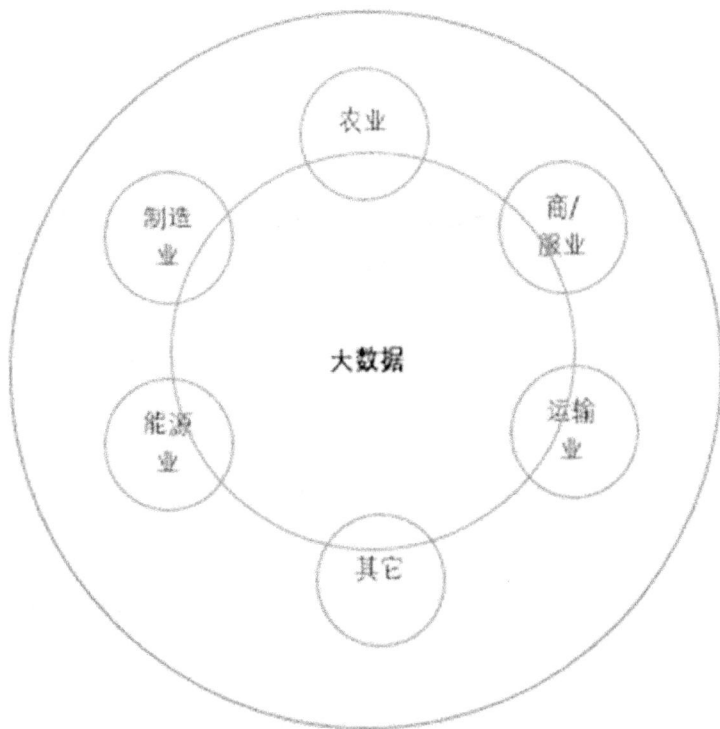

在现实中，如何对待"大数据"？如何使用"大数据"并用好"大数据"？是摆在我们面前的一个残酷的事实。

在第十篇："大数据哲学"里，讲述了"大数据方法论"和"大数据实践论"。本篇将从博弈策略的角度出发，概述如何规划、使用并用好大数据。将从以下几个方面进行概述：

- 大数据集群
- 大数据缠斗
- 大数据战略
- 大数据战术
- 大数据智能

1，大数据集群

大数据是什么我们已经知道了。那"大数据集群"又是什么？

在现实生活中，尤其在我们进行的有关数据的活动中，数据往往是没有孤立地存在的，不同类型、不同种类的数据往往是纠缠在一起，互相重叠的。各数据群体即独立又相互影响！如下图示例：

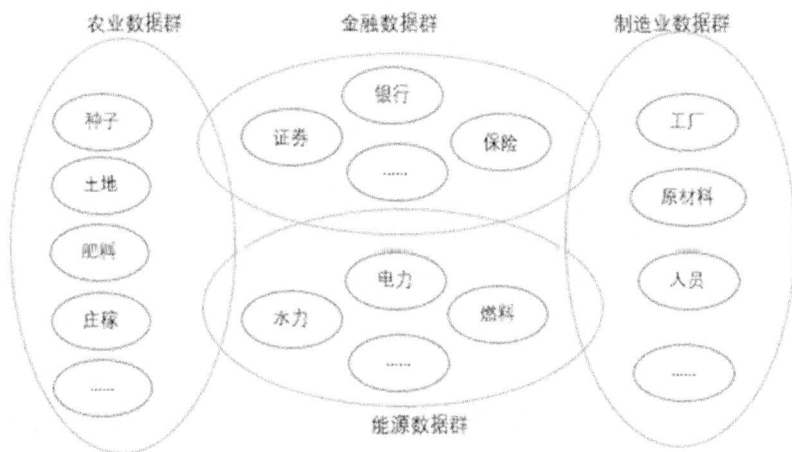

大数据集群图

这就是 "大数据集群" 的形式。常常 "牵一发而动全身"！是我们在建设 "统一大市场" 过程中必须面对、必须处理并处理好的事实。同样要进行 "大数据集群" 的建设，方法论是首当其冲的。

组建大数据集群的方法论

"大数据集群" 的建立，须首先明确其方法论，它包括以下内容：

- 数据集群方法论
- 数据对象
- 数据源
- 数据模型
- 大数据冶炼
- 数据市场

数据集群方法论，包括：目的、方略、任务及执行步骤的确立。

数据对象，包括：业务、行业供应链、市场、决策等，哪些对象须纳入集群。

数据源：确认哪些相应的关联数据源须纳入集群。

数据模型：确认纳入数据集群的数据（源）之间的逻辑关系和物理关系。

大数据冶炼：对大规模/大批量的集群数据进行整合/整理/利用/挖掘，其建设内容前 面已经叙述，不再重复。

数据市场：包括在集群内部的流通、访问、安全、交易、资本化等内容对象。

2，大数据缠斗

从大数据集群图我们可以看到：各种大/小的数据集群是缠斗在一起的，或是大群与大群、或是子群与子群、或是子群与大群……

例如，农业数据群（大群）中的"肥料数据群"（子群）发生变化，就牵扯到金融数据群（大群）中的"银行数据群"（子群）（因为会牵扯的贷款等事宜），也会牵扯到制造业数据群（大群）中的"工厂（肥料生产厂）数据群（子群）"，又会牵扯到其中的"原材料数据群"/"人员数据群"等，再外溢影响能源数据群中的各种"子群"，进一步再影响回农业群及金融群……会不断地出现各种"缠斗"。旧的矛盾解决，又会出现新的矛盾！

3，大数据战略

大数据的缠斗让我们面对着一种极其棘手的局面，各种矛盾、哪怕是一个小矛盾处理不好，都会直接影响到数字经济的发展质量！

大数据缠斗既然是由于大数据集群互相纠缠而产生的，那么我们应该用什么样的策略或是战略来对付它们呢？

答案就是以**"集群"**对**"集群"**。

这种以"集群对集群"的战略会是怎样的呢？（县市群、省际群、+ 区块链。。。）

以前我们在建设数据通信网时，在设计上采用区域网、城际网、省际网、国家网的结构。这种模式也可以移植到这种大数据集群中来。也就是说，我们以"数据网络"来应对大数据集群。而这个"数据网络"实际上是"**数据源网络**"（简称"**数源网**"，英文：**NoDS --- Network of Data Source**）。

建设这个"NoDS (数据源网络)"，我们同样采用区域网、城域/际网、省城域/际网、国家网的结构。建成后形成"数据源集群"，以这个"数据源集群"对抗"大数据集群"。这就是前面说的以"**集群**"对抗"**集群**"。

采用这个发展战略，数据源的集群就会形成如下网络形式：

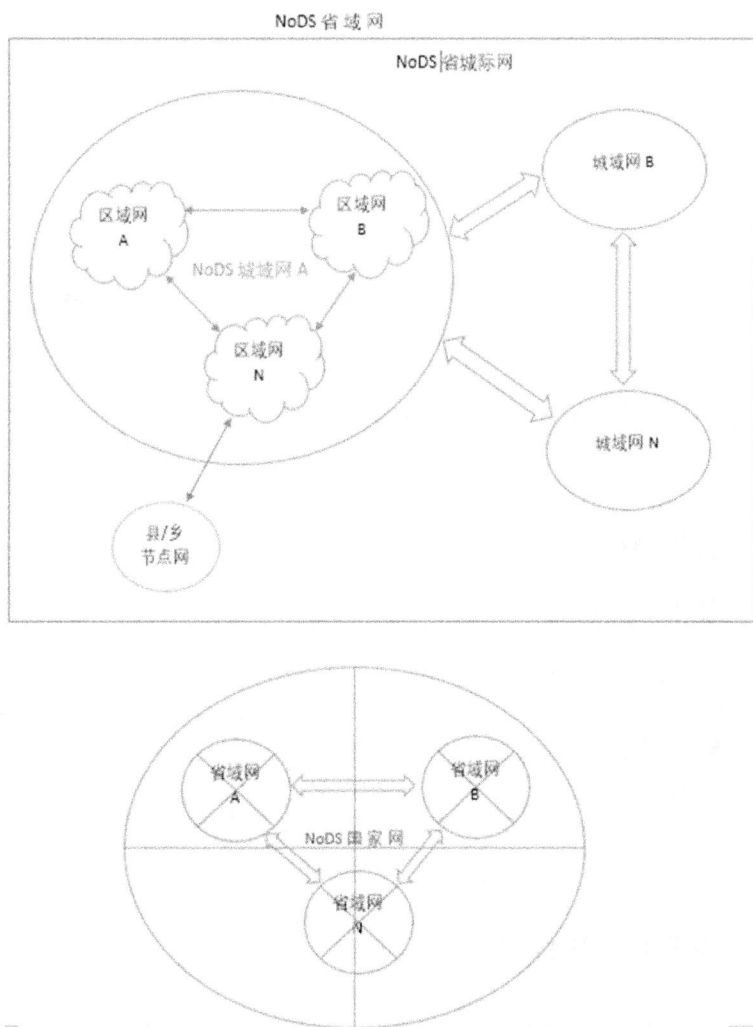

以上每一个子网络都是一个"数据源的子集群"。数据源网络结构采取"节点"制，有"骨干网节点"/非骨干网节点"之分。

在电信级的数据通信网中，"节点"之间的硬连接是光纤，软连接是"通道"（如 VPN）与"协议"。而 NoDS 之间的硬连接是数据通信网（如 5G），软连接可以是"通道"，也可以是区块链（Block Chain）。

数据源网络（NoDS）是建设大区域型"统一经济大市场"的基础设施。只有开展巨量的资源数据在 NoDS 网上流动（共享/交换等），才能有效地支持实现"统一大市场"的建立，才能使各种构思的"大数据战略"得以实现。

4，大数据战术

在上一节中我们确定了以"集群对抗集群"的大数据战略，定义的为实现这个战略而实行的"数据源集群"网络的战略结构。本节将讲述为实现这个战略构想而采取的"战术"。

"战术"即是"手段"，它们包括：

。数据模块联合

。数据区块链接

。数据模块群集

。数据层级配置

1）数据模块联合

是指在组建"数据源"时，将同性质、或同类型的数据集进行"模块化"组合。

如下图示例：将数据源 A ➔ Z 中的同类市场数据库互联建成
成一个"数据视窗"模块：市场数据模块。

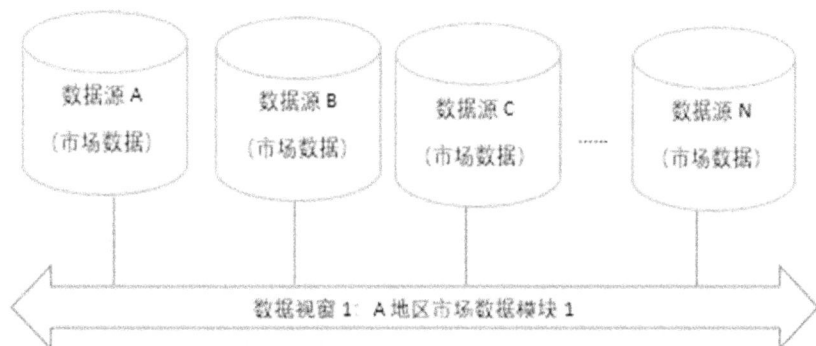

类似的还可以建成数据视窗包括："地区客户数据模块"、"地
区产品数据模块"......

2) 数据区块链接

是指"数据区块"之间的链接，将不同地区的每个"数
据视窗"作为一个"区块"进行链接，以应对数据的及时
"更新"及"备份"。这是一种"软连接"，最好的技术手段就
是使用"区块链"。

区块链是指一种去中心化的分布式账本技术，可以在计算机
网络上安全、透明且防篡改地保存交易记录。它是以"区块
（Block）"为基本单位，数据视窗可以被分组为"块"，由唯一的
ID 或哈希值进行标识。每个"块"包含一组交易和对前一个块的
引用，链接一起形成"块链"（Block）。如下图示例：

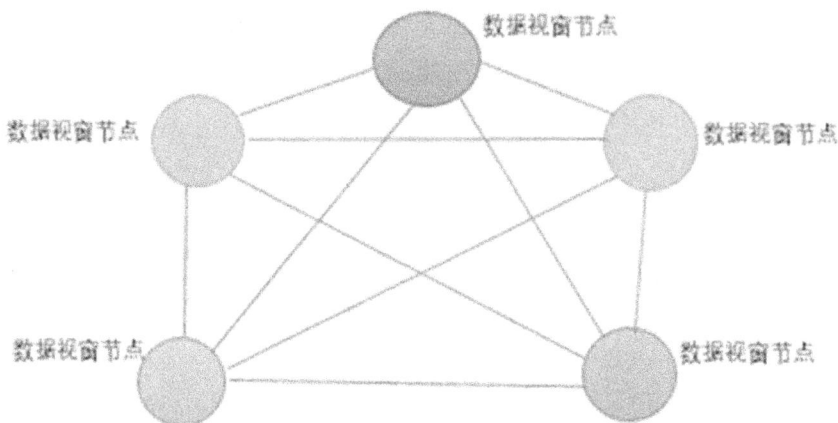

市场数据视窗区块链

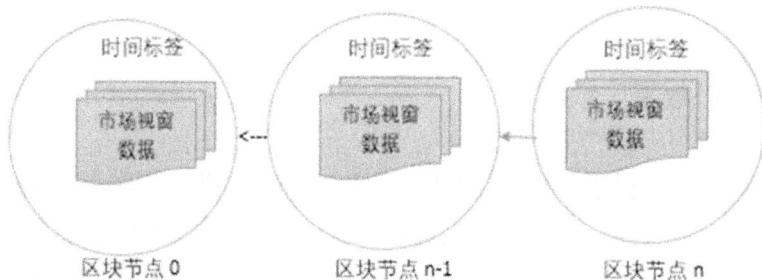

"数据视窗节点"结构如下：

时间标签 市场视窗数据 区块节点 0

时间标签 市场视窗数据 区块节点 n-1

时间标签 市场视窗数据 区块节点 n

将数据视窗节点形成"区块链"的好处是：

。去中心化：区块链在点对点网络上运行，没有中央机构或中介机构控制整个系统。网络中的每个参与者（节点）都拥有整个区块链的副本。

。共识机制：区块链网络依靠共识机制来就数据的有效性和账本更新达成一致。常见的共识算法包括工作量证明和权益证明。

。不可篡改性：一旦将数据块添加到区块链中，就很难更改或删除。区块链的不变性有助于其可信度和防欺诈性。

。区块链访问安全：公共区块链对任何人开放，并允许透明和无需许可的参与。另一方面，建立私有区块链，能限制特定参与者群体的访问，并且通常被企业/组织用于内部目的。

。数据加密安全：区块链使用加密技术来保护旧有数据视窗单位并控制新数据视窗单位的创建。这确保了区块链上记录的数据视窗中数据的完整性和安全性。

。代币化：区块链可以促进代币化，将现实世界的资产（例如房地产或艺术品视窗下的数据库）表示为区块链上的数字代币。这可以实现部分所有权并增加流动性。

将数据视窗节点形成"区块链"的坏处是：

。增加技术的复杂性

。增加系统的成本（包括软件、硬件和人员）

。互操作性待加强

区块链技术还在不断发展，其应用正在各个领域扩展。虽然它在透明度、安全性和去中心化方面提供了独特的优势，并且在维持数据内容的一致性、可用性和分区容错性（从包含部分数据的分区故障中恢复的能力）上具有出色的能力，但必须仔细考虑其带来的不良之处，和与每个具体用例相关的、具体要求和挑战。

3) 数据模块群集

是指将具有"互补"性质的数据模块群相结合形成一个"集群"，目的是既可以提高单个数据源模块的利用率，也可以利用具有互补属性的数据"集群"的整合优势或特征来进一步提高数据模块的市场价值和市场威力。

例如，交通资源数据模块与旅游资源数据模块整合成一个"集群"；交通资源数据模块，农业村落资源数据模块和农业种植（养殖）资源数据模块整合成一个具有"互补"属性的"集群"；都可以起到"1+1 > 2"的市场协作作用。

进行数据模块形成"群集"采取的策略包括：

- 定义集成目标
- 确定互补属性
- 分析重叠和非重叠区域
- 确定映射互补优势
- 建立通用标准
- 定义角色和职责
- 组建跨模块团队
- 实施模块化集成
- 持续反馈和迭代

定义集成目标，是指组建数据模块"集群"是基于什么样的"任务"或"战略目标"。这些是基于打造一支有效、有组织、有能力的数据力量。具体任务和目标可能会根据企业/组织/集团的任务/战略目标、地区经济背景和潜在威胁的性质而有所不同。

一般来说，"任务"可以是管理资源分配和预算、发展物流和供应链能力、开展培训计划、危机应对和应急计划、与合作伙伴建立互操作性等。围绕"战略目标"建立一种数据结构，在技术上提供支持，使决策与管理控制达到最佳平衡、整合不同类型部门、与总体战略相一致。

在之前本书的第五篇中使用了一个应用场景举例，建立"医疗数据互认平台"，就是根据一个具体任务——"互认"的完成而组建的一种"数据模块集群"。

确定互补属性，是指要明了每个数据群体的优势、劣势和独特特征。每个数据模块之间的互补属性。

    分析重叠和非重叠区域，是指基于业务性质与范围，评估数据模块之间的重叠和非重叠区域。确定可以利用的共性和可以提供互补功能的差异。

    确定映射互补优势，是指绘制一个数据集群的优势图，明了一个数据模块如何弥补另一数据模块的弱点或差距。确定一个数据模块的优势如何补偿或增强另一个数据模块的能力。

以下以制造业数据为例进行示例说明：
（注：以下设定的"互补关系"会应具体情况不同而不同）

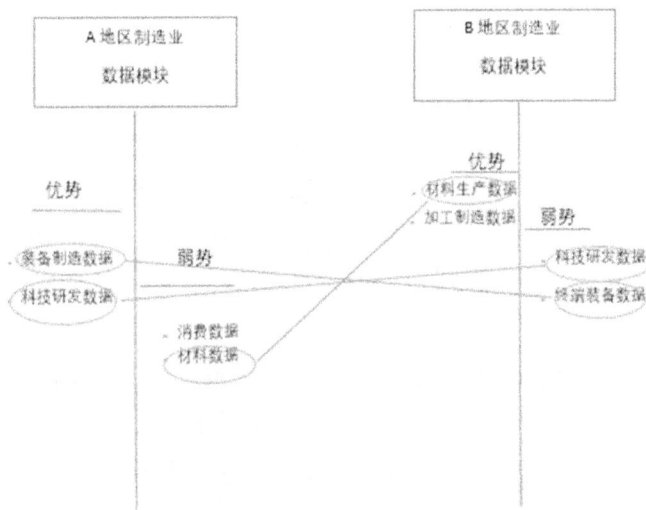

数据集群映射互补优势图示例

通过分析 A、B 地区的数据，可以得出：

1) B 地区的"材料生产数据"会对 A 地区的"材料数据"提供优势互补，进而产生"映射"，加强 A 地区的"装备制造数据"的价值。

2) A 地区的 "科技研发数据" 会对 B 地区的制造业提供帮助，如 A 地区的技术人员、实验室设备等，可能会对 B 地区的科研能力的提高有帮助，同时能加强两地之间的技术交流与合作等。

3) A 地区通过 "装备制造数据" 对 B 地区的 "终端装备数据" 的加强，可以产生"映射" 作用，提高 B 地区的 "加工制造数据" 质量的提升。

上述这张 "优势互补图" 直观地展示了不同数据模块内不同组成部分的不同优势，以及它们如何相互补充以创建一个更全面、更 "多才多艺" 的 "数据模块集群"。这些优势互补的有效整合，有助于数据模块集群整体运作更成功、任务完成的更出色。

建立通用标准，是指定义并建立两个/多个数据模块都可以采用的通用标准和协议。建立数据共享框架以增强兼容性和互操作性。这些 "通用" 的标准应具有多样性和包容性，利用每个数据模块所有人中的独特视角和人才，鼓励创造一个重视所有参与者贡献的包容性环境。

定义角色和职责，是指明确定义集群结构中每个数据模块的角色和职责。这确保了每个数据模块能有效地做出贡献并了解其在合并后的实体中的地位。

组建跨模块团队，是指组建跨数据模块的联合团队，将来自不同数据模块集团的有关个人聚集在一起，共同开展特定的项目或计划。这可以鼓励合作和不同观点的交流。也可以鼓励不同数据模块所有人之间的知识交流和技能转移，包括提供互相学习机会，让一个数据模块涉及的成员可以与另一模块涉及的成员分享他们的专业知识。

实施模块化集成，是指以模块化方式实施数据模块集成，允许逐步、逐渐同化和适应彼此。这种方法可以降低阻力风险并促进更平稳的过渡。

持续反馈和迭代，是指整合后的数据集群具有持续反馈和迭代的文化。定期评估整合的有效性，征求参与者的意见，建立指标和关键绩效指标 (KPI) 来衡量集群的进度和成功。并定期监控这些指标以评估合并集群的影响，并根据需要进行必要的调整。

总之，根据"互补属性"相结合的原则，需要采取战略性和深思熟虑的方法。重要的是要考虑每个数据模块拥有者的文化、组织和运营方面的实际情况，以确保成功整合，最大限度地发挥它们之间的协同作用。

4) 数据层级配置

是指在"数据源网络"的基础上，按不同的业务功能对数据模块集群进行层级划分配置。每一层按照"区域"任务进行划分。在数据组织中，"任务"被分类并分配给不同的管理级别，每个级别都有自己的职责和行动范围。任务的分类通常与企业/组织（或总部/地区）的等级结构一致，随着"任务"沿着管理链向下移动，任务变得更加具体和详细。以下是不同级别任务的一般分类和其结构：

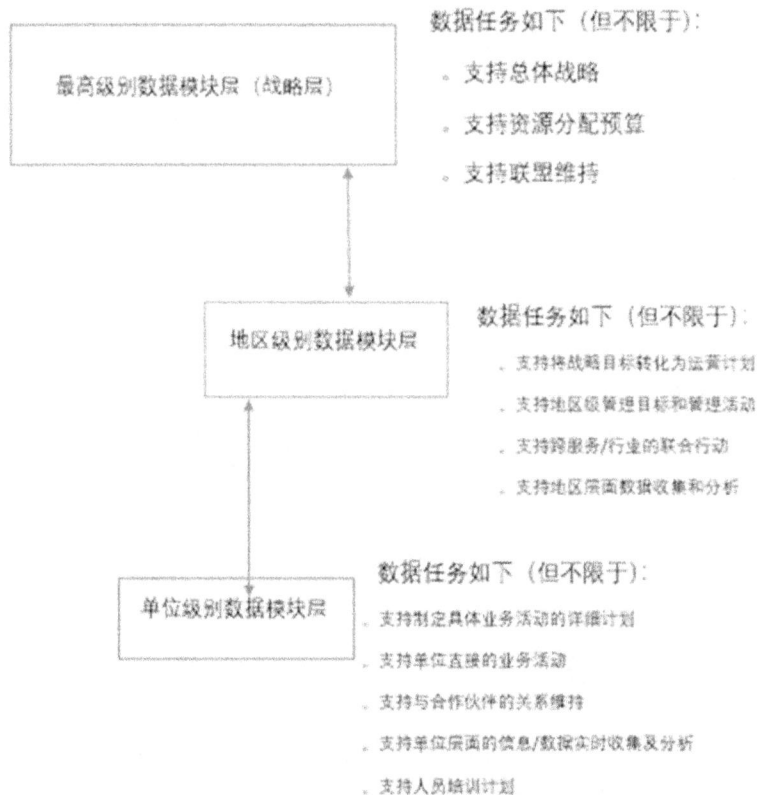

各层级的 "数据模块集群" 的任务相互关联，有助于企业/组织进行 "以数据为驱动" 的业务活动的整体成功。各级 "任务" 执行的明确性和有效性对于实现任务目标和保持企业/组织/集团的运营状态至关重要。

4，大数据智能 (Big Data Intelligence， BDI)

在大数据时代，面对铺天盖地的海量数据，使用商务智能(BI)与人工智能（AI）相结合可以极大地提升人们应对繁杂数据（集）的能力，而大数据方法对海量数据的处理又可以极大地提高智能化/大模型化的发展及应用。

在我们之前所述的"大数据集群"形成以后，如何依托并驾驭"大数据集群"去提升企业/组织/集团的智能化发展应用就是摆在我们面前的重要任务之一！

于"数据源网络"上组建"商业智能"（Business Intelligence: BI）系统/平台是我们能够有效地依托并驾驭"大数据集群"构建企业/组织/集团（或国家/省/市/地/县）多级"智能业务"网可用的手段，也是较好的手段！

建立"商务智能"（Business Intelligence）系统/平台包括以下步骤：

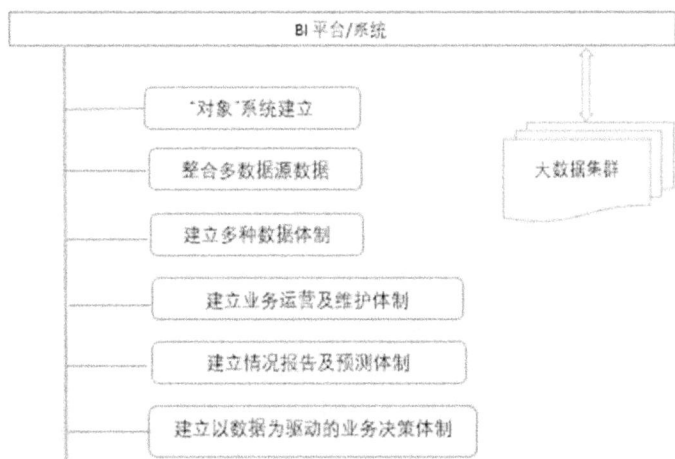

图 4.1

"对象"系统建立，是指将各种商业"分类"都作为"对象"（Object）进行定义。如产品中的各种分类：电子产品、机械、汽车、……等等，每一个都被定义为一个"对象"，如"汽车对象"。将与"对象"汽车有关的所有属性数据进行有效的"链接"，就形成了"对象"系统。示例如下：

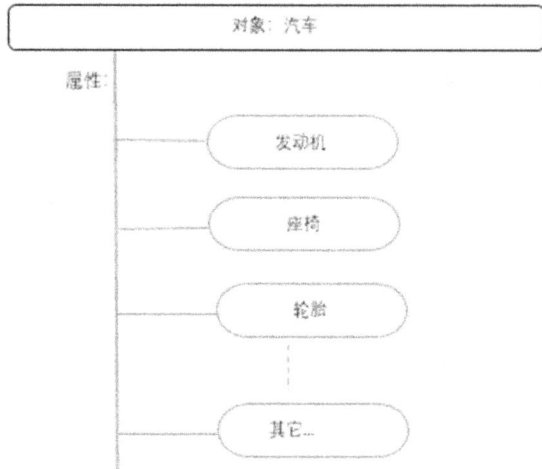

每个对象系统为一个"视窗"结构，背后链接各种相关数据集群中的数据库。而承载这些数据库的数据源往往是异地分布的。

每一个"属性"数据也都可以是另一个带有"属性"数据的独立"对象"。

每一个业务"对象"的划分及相关定义由 BA 人员完成并写入业务分析报告供 DT 及相关人员使用。

在图 4.1 中:

整合多数据源数据，是指完成上一步"链接各种相关数据集群中的数据库"的过程。这个过程基本上就是本书之前讲诉的"数据源网络" + "大数据模块集群"的建立过程。在这个过程中，各种通信网络（如 5G 等）、分布式存储网络、各种通信协议、安全措施都是必不可少的。

建立多种数据体制，是指建立包括数据收集、处理、存储、访问、报告、挖掘、安全等体制。这些体制建立的具体做法之前的章节已做过论述，不再重复。

建立业务运营及维护体制，是指在 BI 平台上构建智能化/可视化的管理控制中心，依据历史数据，整合实时数据，为非技术用户提供用户友好的界面，对生产态势变化及时进行响应。实施系统监控，跟踪大数据集群的性能和健康状况。同时实施智能化的自身装备维护及人员管理/培训子系统。通过大数据分析对自身设备开展预测性维护及计划，提高自身装备的可靠性和可用性。并根据业务需求和技术进步的演变，不断优化基础设施、算法等。

建立情况报告及预测体制，是指在 BI 平台上，构建利用大数据模块集群进行业务/生产态势分析，通过模式识别、数据挖掘等技术，提取有关业务/生产动向、趋势等信息的体制，定期评估大数据集群的性能以及对业务结果的影响。并监测系统内/外部活动、检测安全威胁，并对可能发生的网络黑客攻击行为进行预测/预警，预备防御和反制策略。

建立以数据为驱动的业务决策体制，是指在智能化的 BI 平台上，依托大数据模块集群构建如业务/生产决策、物资管理、人员调度等指挥决策子系统，依据提取的有关业务/生产动向、数据分析报告等方面的信息/见解，进行运营模拟和规划。通过模拟运营情景，评估不同决策的影响，优化未来的经营行动/计划，做出最佳的决策。并且利用大数据分析支持有效的人员调度和管理。考虑到人员技能、任务需求和业务场景条件，做出最佳的人员部署决策。

在这里给出一个以前在金融领域的场景案例，说明大数据智能(BDI)在行业中的引领效应：

某私人商业银行为了对新购房者发放锁定抵押贷款，使用人工智能/机器学习和大数据平台来帮助选择准备购买第一套房子的最佳潜在客户。该银行使用来自社会信用局和消费者行为数据来构建一个以"购买第一套房子"的客户为"对象"的预测数据模型，该模型的商业目标为：显着提高了新抵押贷款获取的响应率，并将盈利能力提高了 20% 以上。

为此，建立了如下的大数据体制：

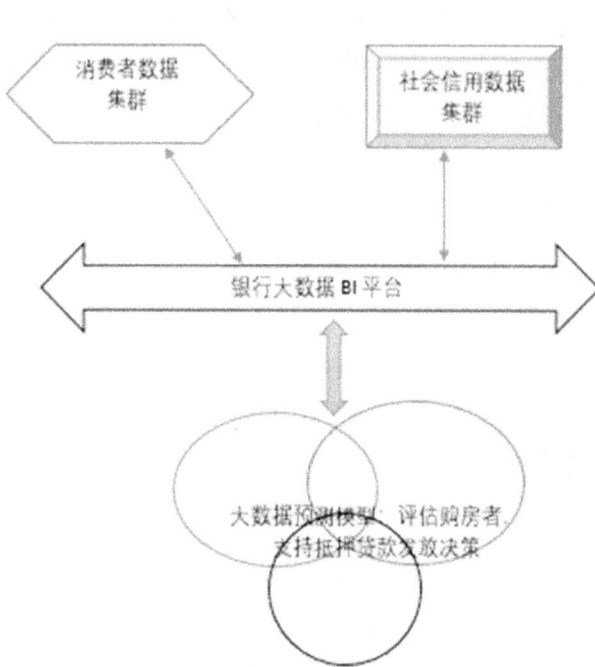

总之，将 BI 与大数据模块集群组合在一起，企业/组织可以更好地实现智能化开发和应用，提高管理决策水平，增强竞争效能。

通过以上这些步骤，可以建立起一个 BI 智能化的大数据平台，为企业/组织提供更强大的决策支持和竞争能力。各业务群可以利用 BI +大数据模块集群打造智能化业务，提升业务流程效率，优化决策过程，实现更加智能、灵活和创新的运营模式。

切记：在整个过程中，关注数据的安全性、实时性和准确性尤为重要。

第十四篇　大数据宇宙及生态

关于什么是本书提及的 "大数据宇宙 （Big Data Space）" 概念，在本书开篇引言中已经提及，在此不再重复。

大数据生态是形成大数据空间（宇宙）的基础元素。本书在前十三篇文章中已简述了建设 "大数据生态" 应涵盖的数据基础设施内容。在数字经济的迅猛发展中，企业/组织/集团的数字资产的建立也都需要在这样一种生态中进行。因此，大数据生态的 "构建" 已是当务之急。

"构建" 这个词是由 "构想" 和 "建设" 两部分组成。以下将就此展开叙述。

1，大数据生态的组成

大数据的生态主要由以下两大部分组成：

。思想生态

。技术生态

思想生态，是指企业/组织对数字经济和与之密切相关的、以"数据要素" 为核心的生产力发展体系的认知建设。这部分生态的内容包括在本书的第九篇至第十三篇的叙述内容中。

技术生态，是指企业/组织在 "思想" 生态建设完成后，将其数据战略思想付诸实施而建立的数据基础设施。这部分生态的内容包括在本书的第一篇至第九篇的叙述内容里。

2，大数据生态的构建

大数据生态包括哪些内容在读完前面的内容以后，相信大家都已经清楚了。那么该如何开始这方面的建设？它的建设的逻辑顺序是怎样的呢？构建的方法论又是什么呢？

本书用下面的"大数据生态图"（简称：BDEM --- Big data ecological map）进行图示说明：

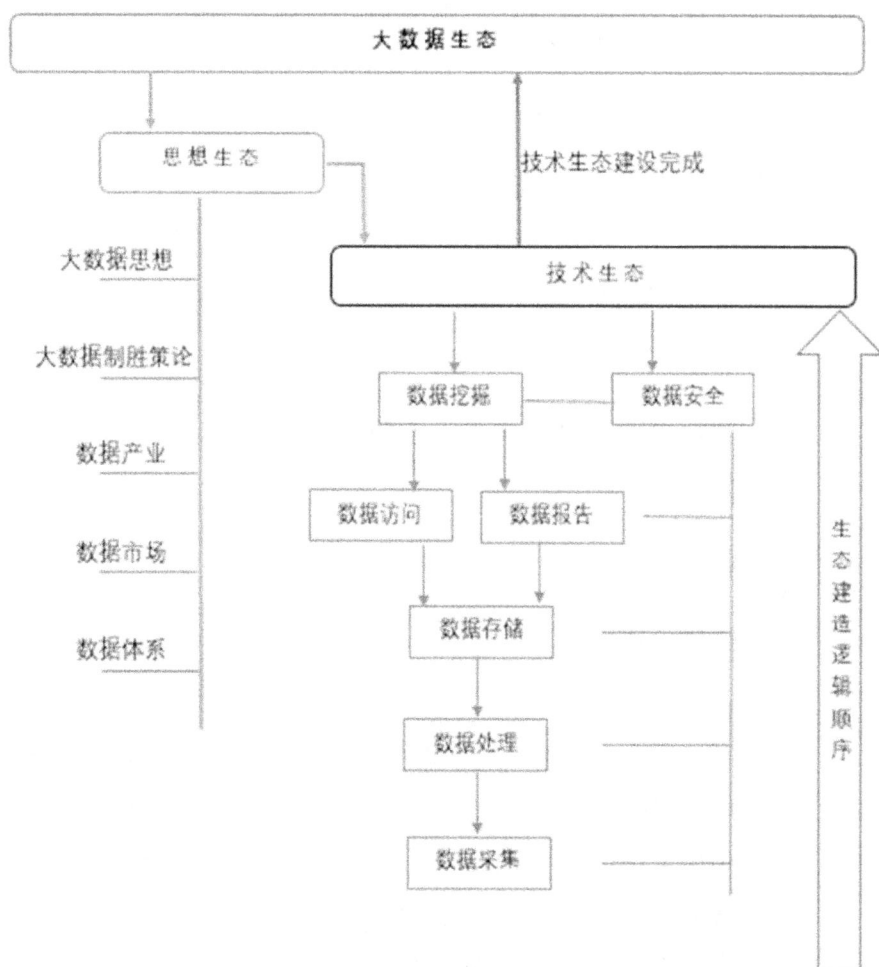

BDEM 示意图 （原创）

上图中的蓝色线路表示生态建设的逻辑顺序和设计顺序。

上图中的橙色线路表示生态建设的建造顺序。

大数据生态建设的方法论如下：

企业/组织/集团的大数据生态建设是先"思想生态建设"，即先解决管理层的思想问题。由管理层（上层）牵头完成"思想生态建设"方案（如 BDEM 图中的蓝线顺序）。其次，转由技术部门进行"技术生态"的逻辑方案设计（其顺序如 BDEM 图中的蓝线顺序）。从上图可以看出这是一个"由上到下"进行的程序。

"技术生态"的建造顺序则正好相反，是一个"由下至上"进行的建造过程（其顺序如 BDEM 图中的橙线顺序）。

"数据安全"的内容则贯穿整个"技术生态"建造过程。

3，大数据生态任务

构建大数据生态系统需要创建一个融合意识形态和技术生态的强大框架。在以上的 BDEM 图中，"思想生态"和"技术生态"都需要定义好它们各自需要完成的任务。任务的大致轮廓内容简述如下：

1)思想生态：

a. 定义目标和价值观：

清楚地概述大数据生态系统的目标和用途。 目标是什么？使用数据来干什么／达到什么利益？ 应该指导组织内数据的开发和使用的价值观是什么？

b. 建立数据治理：

开发全面的数据治理框架。 定义数据管理的角色、责任和道德准则。 确保负责任地处理数据，尊重隐私、安全和合规性要求。

c. 促进合作：

鼓励不同部门和团队之间的协作。 创建一种重视在整个组织内共享见解和数据的文化。 打破"孤岛"形态，以促进对数据的整体理解。

d. 优先考虑数据市场及数据质量：

企业/组织的数据是要作为内部 "资产" 来对待的。因此，需要制定适合于 "数据市场" 的数据策略，包括金融策略、买卖策略等。同时强调数据质量的重要性。 实施流程以确保数据的准确性、一致性和可靠性。 确保生态系统中使用的数据符合组织的目标。

e.员工教育和意识：

教育员工和利益相关者了解数据的价值以及负责任地使用数据的重要性。 提高对围绕数据收集、分析和决策的道德考虑的认识。

2) 技术生态：

  a.　选择适当的技术：

选择与您的大数据生态建设目标和用途相符的技术。 考虑用于数据存储、处理、分析和可视化的工具。 流行的选择包括 SAP BI、Hadoop、Spark 和基于云的解决方案，例如华为、AWS、Azure 或 Google Cloud。

b. 可扩展的基础设施：

设计一个可以随着数据量不断增长而扩展的数据基础设施。最好利用云服务建设弹性，使您的生态系统能够处理不断增加的数据负载的系统。

c. 数据整合计划：

实施高效的数据集成策略。 确保可以在生态系统内无缝收集、处理和分析来自各种来源的数据。 有效地使用 ETL （提取、转换、加载）流程。

d.数据安防措施：

优先考虑数据安全。 实施加密、访问控制和身份验证机制来保护敏感信息。 定期更新安全协议以应对新出现的威胁。

e. 持续监控和优化：

设置监控工具来跟踪大数据生态系统的性能。 根据使用模式和不断变化的需求定期优化和完善基础设施。

f. 自适应分析:

结合先进的分析和机器学习功能，从数据中提取有意义的见解。实施与您的组织目标相符的模型和算法。

通过结合意识形态和技术生态，您可以创建一个大数据生态系统，该生态系统不仅可以有效地处理数据，而且可以以符合组织价值观和目标的方式进行数据处理。定期重新评估和调整这两个方面，以确保企业/组织的数据生态系统保持有效且符合道德规范。

4，大数据宇宙的形式

在大数据系统支撑下形成的企业级大数据宇宙（空间）里包含着大大小小的的数据生态（空间），这些大大小小的数据生态是由企业/组织/行业内部现存的各种智能业务系统（每个业务系统只着重于完成某一方面的任务）产生的数据堆集而形成的。因此我们以下图来显示大数据宇宙的形式:

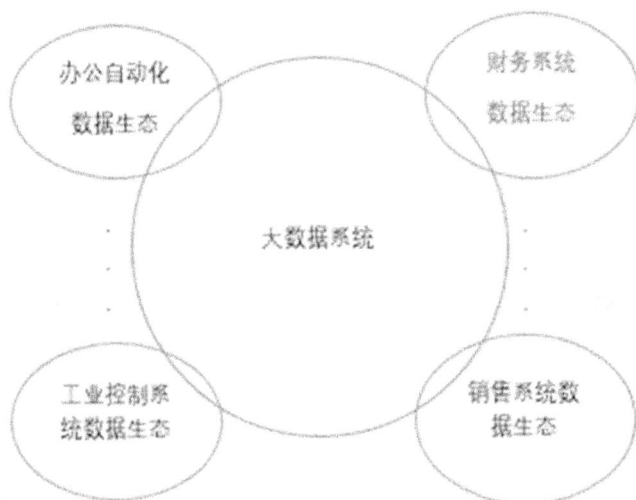

企业大数据宇宙空间形式图

上图中的大数据系统是由:

业务分析（BA） ---> 数据收集(DC)--->数据处理(DP)---> 数据综合储存(DS)--->数据报告(DR)--->数据分析/预测(DA)---->数据展示(DV)--->数据挖掘(DM)等子系统组成。

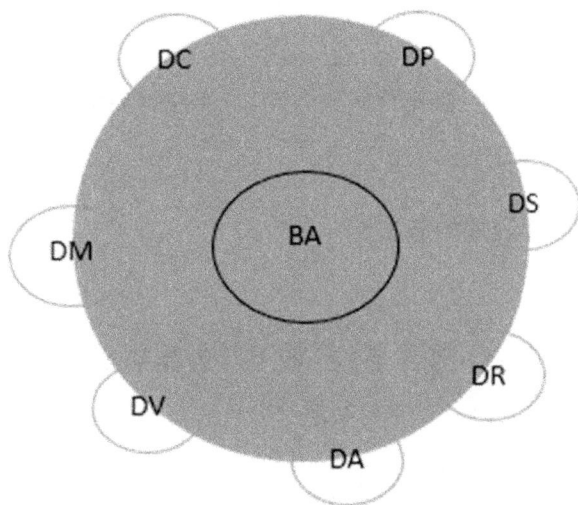

企业大数据系统示意图

在企业级大数据宇宙（Big Data Space）中，大数据系统就好比"太阳"，各种企业/组织内部的智能业务系统都是围绕"太阳"运转的"行星"。只有"行星"没有"太阳"是形成不了"宇宙"(Space)的。

同样，对于行业级/或大区域级的大数据宇宙（Big Data Space）来说，也是这样一种逻辑架构，只是"太阳"周围的行星名称内容有差别而已。

5，大数据宇宙的建设

我在前一章中阐述了"大数据集群"，它是多个相关、并按照一定"人为设定逻辑"、将一定数量的"数据集群"组合在一起，以形成特定级别的"大数据宇宙"，完成特定的使命。

这种"人为设定逻辑"，其实就是具体"任务"的设定！在上一节中，提到大数据宇宙（空间），其实是由多个大大小小的的数据生态（空间）组成的，那么建设"大数据宇宙"就要从建设众多的小"数据空间"开始。

下面我就来谈谈"数据空间（生态）"的建设要素：

1）数据空间建设的方法论

数据空间建设必须"**基于任务驱动**"来进行，即以实际应用任务为导向，它包括两大内容：规划与建设

* **任务规划**

   1)）首先，我们必须先明确什么是"任务"？及基于"任务驱动"的好处

   "任务"可以是单纯的科学研究任务、产业运营任务、公共治理任务及军事任务，也可以是跨组织、跨行业的协同任务。通过"任务驱动"，数据空间的建设将具备更强的目标导向性和可应用性，从而提升数据的价值转化效率。避免出现"重建设、轻应用"的问题，导致资源浪费和数据孤岛的形成，保障数据空间建设与实际应用场景紧密对接。

   2)）任务的规划内容

   它包括：

任务需求分析

1. 明确任务目标：如决策预测、资源调度、市场洞察、公共服务优化等。
2. 识别关键要素：如所涉及的数据源、业务流程、参与方、时间周期等。

数据源映射与整合

1. 按任务需求梳理可用的数据源，包括结构化、半结构化和非结构化数据。
2. 建立"任务—数据源"映射关系，避免数据采集的盲目性。
3. 引入标准化接口与元数据体制建立，确保多来源数据可整合、可共享。

- **实现"任务"所需的程序/步骤规划**

任务识别与分类，如：

1. 战略类任务：如国家安全、产业升级。
2. 运营类任务：如供应链优化、客户服务。
3. 创新类任务：如新能源研发、智慧城市。

任务需求分析，如：

1. 数据需求：结构化、半结构化、非结构化数据。

2. 技术需求：高性能计算、实时分析、数据冶炼（Data Refinery）。

3. 治理需求：数据安全、合规、共享机制。

数据源规划

1. 数据来源：如企业、科研、公众服务、农业等。

2. 数据质量：完整性、时效性、可信性及可用性。

3. 数据组织：构建知识图谱、元数据（Meta Data）体系。

空间架构设计

1. 分层模型：数据采集层—数据冶炼层—数据服务层—数据应用层。

2. 支撑技术：业务智能（BI）、云计算、区块链、人工智能。

3. 服务模式：API、数据产品（报告）、智能决策。

动态演进与优化

1. 持续监控任务变化。

2. 实时调整数据流与计算资源。

3. 通过反馈闭环提升数据空间效能。

基于"任务"进行数据空间规划，能够有效解决传统数据空间"有数据无价值"的困境。其核心在于以"任务"为牵引，构建数据源、架构与治理的动态适配体系，从而实现数据价值最大化与任务目标最优化。

2）基于"任务"的数据空间建设原则

数据空间（生态）是数据资源的汇聚、加工、治理与应用的综合环境。但在传统实践中，数据空间（生态）建设更多追求"数据规模"，而忽视"任务匹配"。结果往往是空间（生态）庞大，却缺少实际价值产出。基于"任务"的数据空间（生态）建设，强调以具体任务为起点，倒推数据需求、技术架构与应用场景，实现数据的精准供给与高效利用。

其核心的建设原则包括：

- a) 任务导向：以实际任务场景为牵引，而非以数据堆积为目标。
- b) 冶炼思维：将多源原始数据经过提炼、清洗、整合，转化为高价值数据资产。
- c) 动态演进：建设并非一次性完成，而是伴随任务变化而不断迭代。

以上所述内容，强调从具体"任务需求"出发，反推数据生态的组织模式与技术架构，以确保数据空间建设的目标明确、资源高效、可持续发展。

第十五篇　数字经济统一大市场

我们建设大数据生态的一个主要的原因就是为形成一个"统一"的大区域经济市场打下一个坚实的基础。

本篇不是从经济学的角度去论述如何进行数字经济统一大市场的建设，只是从大数据的生态构建形成其终极目标的角度去进行论述。

1，统一大市场的大数据定义

从大数据的角度来论述什么是数字经济的"统一大市场"，我们可以给出如下说法：

这是一个基于本书之前讲述的"大数据集群"为核心的"大市场"。之所以会在"大市场"之前加上"统一"二字，是因为这个"大市场"需具有如下的特性：

。标准统一

。合作统一

标准统一，包括各种技术标准，如通信标准、数据标准、安全标准（如数字身份和信任机制及监管统一）、数据共享标准（如数据访问制度）、结算标准等，均需按照统一的标准进行设计和开发。

合作统一，包括各资源方按照统一的标准进行各自的资源数据系统建设，并建立各方之间的统一"智能合约"标准、市场奖励机制标准和多方沟通交流标准。

因此，从大数据的角度来定义，这个数字经济的"统一大市场"应该被定义为：

跨区域的以大数据集群为核心支撑的、合作及标准统一的资源交易市场。

它涵盖资源数据群，交易数据群及服务数据群。

可以说，在跨区域的"统一大市场"的背后是"资源整合和市场融合"，而在"资源整合和市场融合"的背后是"大数据集群"支撑着它们！

资源数据群包括自然资源、农耕资源、制造加工资源、交通运输资源等大数据集群。

交易数据群包括数据交换/共享、市场交易、金融结算/转换等大数据集群。

服务数据群包括商业活动、配套服务（如物流）、技术支持力量等大数据集群。

2，统一大市场的大数据生态

在统一大市场下的大数据生态是怎么样的呢？以下列图示说明：

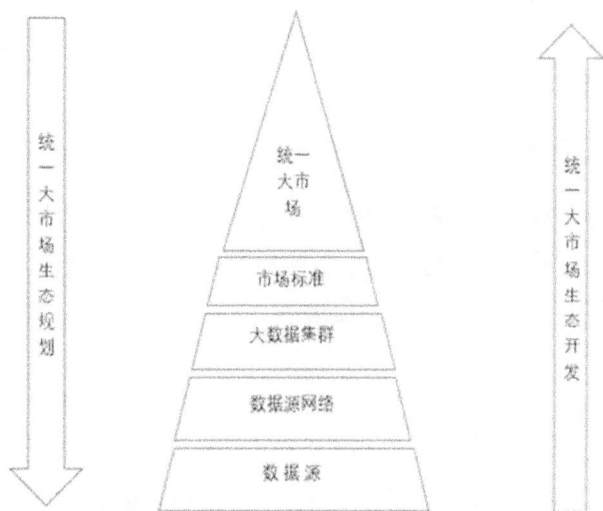

统一大市场大数据生态构建

在以上的金字塔型结构中，塔身是其生态内容部分。"统一大市场的规划" 是从塔尖向塔底按内容顺序进行的；"统一大市场的开发" 则是从塔底向塔尖按内容顺序进行的。

上图中塔身的内容除了 "市场标准" 以外，其它的本书已在前面的篇幅中做了详细地介绍。

关于 "市场的标准" 部分，主要包括 "数据的准入" 部分、"数据的访问" 部分和 "市场的监管" 部分，是属于市场的 "融合" 标准。这些部分确保各大数据集群的互操作性、安全性和透明度。至于具体的标准可能会根据市场性质和地区法规的不同而有所不同，但以下是一些可以考虑的一般原则和标准：

。开放的数据标准：

采用促进互操作性的开放数据标准。如使用便于于数据交换的 JSON（JavaScript 对象表示法）或 XML（可扩展标记语言）等标准实现不同系统之间的无缝通信。

定义标准化的应用程序编程接口（如 API），以允许不同的系统交互和共享数据。

建立标准化的数据格式和结构，确保数据表示的一致性，这可能包括各种类型数据的通用模式，例如产品信息、金融交易和用户配置文件。

。语义互操作性：

统一大市场必须建立一个统一的、可以观察各种 "业务交易平台" 的超大平台，在此平台上建立 "语义化的视窗" 体系，便于使用者理解各项内容，便于实现它们之间的互操作性。

。通用的安全标准：

定义数据所有权和治理标准，概述数据提供/生产者、消费者和中介机构的责任和权利，建立透明的数据治理标准以在参与者之间建立信任。制定管理有关数据访问和共享的用户同意和权限的标准，确保用户可以控制自己的数据，并可以根据需要授予或撤销访问权限。遵守相关数据保护法律等法规，遵守数据隐私，建立安全标准以保护敏感信息，在数据传输上实施加密协议。实施身份和访问管理标准以验证市场参与者的真实性，这或涉及使用去中心化身份解决方案、联合身份系统或其他安全身份验证机制。对数据访问和交易实施审计跟踪。数据访问标准与行业特定的法规和标准保持一致。这包括财务法规、医疗保健标准（如果适用）和其他特定行业的准则。

。国际兼容性：

考虑跨境数据交换，努力创建一个超越地理界限的统一经济市场，实现更具包容性和广泛性的数字经济。与国际的兼容性是非常重要的。确保数据访问及安全标准符合全球规范和法规（如在安全上符合国际重要的 GDPR（通用数据保护条例）或其他相关数据保护法律法规等），从而实现全球范围内的无缝协作。

值得注意的是，市场标准的制定应涉及市场中利益相关者之间的合作，包括行业参与者、监管机构和技术专家。此外，标准应该是动态的、适应性强的，以适应不断发展的技术和不断变化的业务环境。市场标准的透明度有助于在参与者之间建立信任，并可在统一的经济市场中提供相应的问责制。

在数字经济中建立基于资源共享和交换的统一经济大市场需要采取结合技术、监管和文化要素的整体方法。培育一个让所有参与者受益的协作和创新生态系统至关重要。

3，统一大市场数字经济模式

基于前两小节的内容，统一大市场的数字经济模式如下所示：

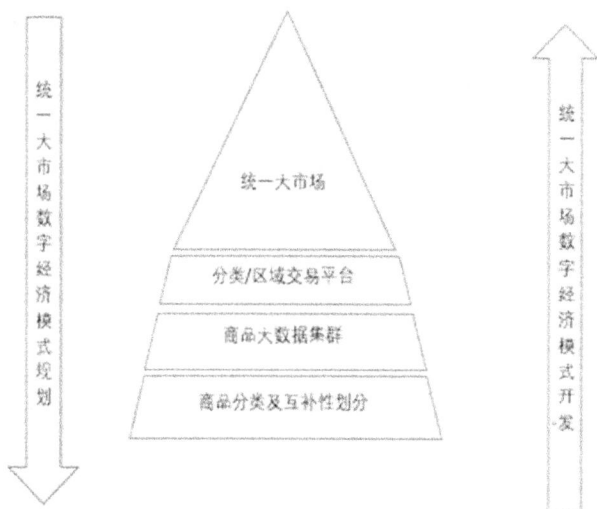

统一大市场的数字经济模式

以上模式的工作开发逻辑是：按照商品的分类及其互补属性划分定义商品的大数据集群；按照商品的大数据集群定义分类/区域交易平台；由各分类/区域交易平台组成"统一大市场"。

在上述的金字塔型结构中，塔身是其模式的内容部分。"统一大市场的模式"规划是从塔尖向塔底按内容顺序进行的；"统一大市场的模式"开发则是从塔底向塔尖按内容顺序进行的。

要创建以大数据为支撑的统一大市场数字经济模式，需要整合数据技术、数据基础设施、商业策略等多种要素。以下是本书建议构建此类模式应具备的基本内容：

。模式的目标和范围定义

。数据基础设施构建

。市场的定价及金融结算政策

。市场的交易及运转维护政策

。可扩展的生态系统准则

模式的目标和范围定义，包括明确概述统一大市场的数字经济模型的目标。定义市场的范围、涵盖的行业以及涉及的数据类型。

数据基础设施构建，这部分涵盖了本书从第二篇至第十四篇的内容。根据"模式的目标和范围"的定义，进行数据基础设施构建，形成大数据集群。这部分是为统一大市场"保驾护航"的极为重要部分。

市场的定价及金融结算政策，建立统一大市场的标准化的财务结算程序，简化交易并确保及时付款。包括付款计划、发票和财务结算方法等的明确定义。可以采用自动计费系统和数字支付平台等技术解决方案来简化财务结算流程并减少出错的可能性。

考虑开发大市场内多样化产品和服务的标准化定价模型。这些涉及固定定价、基于需求的动态定价或与您的行业相关的其他模型。

考虑实施利用实时市场数据、消费者行为和其他相关因素的动态定价策略。这样可以发挥灵活性和对市场波动的及时响应能力。

定价和财务结算流程需保持明确的透明度。向所有参与者清楚地传达定价结构、条款和条件。透明度可以在利益相关者之间建立信任。

如果可能的话，通过使定价和财务结算政策与国际标准和法规保持一致来解决可能的交易跨境问题。

为区域/跨区域的统一大市场交易平台制定统一的定价和财务结算政策需要协作、透明度和对公平竞争的承诺。重要的是要在标准化和灵活性之间取得平衡，以满足不同细分市场和参与者的独特需求。定期审查和更新这些政策，以确保它们在动态的市场环境中保持相关性和有效性。

市场的交易及运转维护政策，包括明确定义各种分类/区域交易平台和业务运营/活动维护的目标。将这些目标与市场的总体目标保持一致，重点关注效率、透明度和客户满意度。这些政策须有助于实现：

整合各种交易平台，实施交易平台集成，允许参与者通过集中式系统访问多种交易活动。这种整合可以涵盖各种资产类别，例如股票、大宗商品和客户行为等。建立集中式报告和分析系统，提供有关交易绩效和运营效率的见解。这有助于做出明智的决策和制定战略。

建立统一的数据管理政策/系统，处理交易活动和业务运营中产生的数据。这包括市场数据、客户信息数据和运营指标数据。利用强大的数据仓库和分析工具。

建立标准化交易协议和程序以简化交易活动。这涉及为订单执行、结算和交易报告创建一致的规则。

建立统一协作平台，实现不同部门、贸易伙伴和利益相关者之间的无缝沟通和协调。培养协作文化，以更好地解决交易问题。

建立监控/监管机制来跟踪交易活动和业务运营的绩效。根据绩效指标和反馈定期评估并进行改进。监管相关贸易法规和业务运营标准的遵守。随时了解监管要求的变化并相应地调整流程。

制定并建立强大的灾难恢复和应急计划/系统，以确保发生不可预见事件时的业务连续性和最小的业务中断时间。这包括数据安全、系统故障和其他潜在中断的措施。

这些政策要有助于实现日常交易和运营任务的自动化，有助于提高效率，减少错误，并使资源能够专注于业务的战略方面。统一交易活动和业务运维需要跨部门、跨技术系统、跨利益相关者的协同努力。 定期审查和调整策略，以满足市场不断变化的需求并确保持续成功。

可扩展的生态系统准则，为数字经济中 "统一大市场" 创建可扩展的生态系统。 以下是需要考虑的关键原则：

. 可扩展的数据架构

. 去中心化和分布式系统

. 微服务架构

. 跨平台兼容性

. 对新兴技术/需求的适应性

1) 可扩展的数据架构，

包括使用可以独立运行的模块化组件设计生态系统。确保这些模块之间的互操作性，以实现新技术、服务和参与者的无缝集成。

可扩展的数据架构具有较好的弹性，能够快速扩展或缩小而不影响其它的部分，有利于响应不断变化的需求。 这对于处理用户活动或数据量的突然增加尤为重要。

2) 去中心化和分布式系统

采用去中心化和分布式系统建设可以增强可扩展性和安全性。 这减少了对单点故障的依赖，并允许更有效的资源分配。利用基于本地和云的基础设施相结合，来实现分布式系统部署，有助于安全性和可扩展性及灵活性。

3）微服务架构

采用微服务架构，将系统分解为更小的、独立的服务。这种方法使各个组件的维护、更新和可扩展性变得更加容易。并且有利于实施动态扩展机制，即根据需求自动调整资源，这确保了高峰期的最佳性能和较低使用时间的成本效率。还有利于采用负载平衡技术在多个服务器或资源之间均匀分配工作负载。这可确保最佳性能并防止任何单点成为瓶颈。

4）跨平台兼容性

确保跨平台兼容性，实施开放 API 以促进与外部系统和服务的通信和集成。支持用户从不同设备和平台访问生态系统。这包括移动设备、网络浏览器和其他数字界面系统。开放 API 以促进协作，并允许第三方开发人员为生态系统的跨平台做出贡献。

5）对新兴技术/需求的适应性

采用能够灵活集成新兴技术的生态系统设计。随时了解技术进步，并准备好调整生态系统以利用新机遇。建立反馈循环，允许用户和利益相关者提供有关生态系统可扩展性和性能的意见。使用此反馈来不断改进和完善系统。考虑国际化原则，使生态系统能够跨越地理边界进行扩展。考虑到未来不同的语言、货币和监管要求的适应性。

通过整合这些可扩展的生态系统准则，可以在数字经济中创建一个统一的"**数据大市场**"，该市场可以不断发展和壮大，进而形成以满足参与者和市场格局不断变化需求的"**数据大生态**"。

4，统一大市场生态的演变式

数字经济中的 "统一大市场"，其本质上就是这个 "**数据大生态**" 的集群环境。

那么这个 "数据大生态" 的形成过程又是怎样的呢？

首先，让我们总结一下历史上国家的演变进化过程：

小家汇聚成村落---- >村落汇聚成乡 --- > 乡汇聚成县 ---> 县汇聚成州 --- > 州汇聚成天下！

同理，"**数据大生态**" 的形成过程犹如 "天下" 的形成过程一般：

数据汇聚成库 ---- > 库汇聚成源 ---- > 源汇聚成群 ---- > 群汇聚成市 ---- > 市汇聚成天下。

上面提到的这个 "天下" 就是无数个有价值的 "**数据大生态**" 的集成！"**大数据宇宙**"（**Big Data Space**）就是在这个 "**集成**" 过程中 "**炼成**" 的！

这个 "**大数据宇宙**" 一旦形成，数字经济的 "统一大市场" 就会出现了！

第十六篇　大数据体系与新质生产力

在本篇正式开始之前，我们首先要明白以下的一些问题：

首先，我们需要明白何为"新质生产力"？既然是"新质"的，就必然不同于以往存在的生产力（或称"旧质"生产力）。

"旧质"生产力是指用以往传统工具或技术支撑产生并形成的生产能力。如工厂使用已有的机床、生产线等技术设备，按客户订单需求进行按部就班生产的能力即属于此类。

"新质"生产力的"新"就体现在使用不同以往的"新型"技术或流程或商业组合形式，并由此激发/产生出的具有战略性突破的新领域内的高效生产能力。如使用大数据、人工智能等新技术与传统技术/设备/人力/商业模式进行重新组合，而创新出的商业领域，并在其内形成不同以往的更高效的生产能力，即属于此类。

其次，新质生产力是如何产生出来的？

从以上的说明，新质生产力的产生来源于"新质"或创新科技的赋能驱动，并与传统技术/工具/人力/商业模式进行有效的重新组合，从而形成不同以往的"新型"且更加高效的生产能力。

新质生产力既可以出现新型商业领域，也可以出现在传统商业领域。

本节所阐述的内容与第十二篇中第二小节"数据要素提升生产力"密切相关。

再其次，什么是大数据体系？

大数据体系是有多个数据"生态"组合而成的！也就是由之前本书所述的各个章节的内容合之而成的。

1，大数据体系与创新科技

既然新质生产力是在创新科技的赋能之下产生的，那么大数据由可以在哪些方面帮助激发创新科技呢？

回答是大数据必须先形成"体系"，然后才可以通过以下一些方式激发创新技术，包括：

1. 识别趋势和模式：大数据分析可以揭示大型商业数据集中隐藏的趋势和模式，揭示可以激发创新技术发展的见解。例如，确定对环保产品不断增长的需求可能会激发可持续制造工艺或绿色技术的发展。

2. 预测分析：通过利用大数据进行预测分析，企业可以预测未来的市场趋势和客户偏好。这种远见可以激发创新技术的创造，旨在满足预期需求、获得竞争优势或应对新出现的挑战。

3. 客户洞察：大数据分析提供了有关客户行为、偏好和痛点的宝贵见解。这些见解可以激发创新技术的开发，例如个性化推荐系统、高级客户服务聊天机器人或根据个人喜好定制的产品。

4. 运营优化：大数据可以识别业务运营中的低效率环节和瓶颈，激发业务流程优化的创新技术的开发。例如，实时监控和分析工具可以优化供应链物流、改善库存管理或提高生产效率。

5. 协作创新：大数据可以实现不同部门、团队甚至组织之间的协作和知识共享。通过汇集数据资源和专业知识，企业可以激发协作创新模式和突破性技术的开发，从而推动生产力提高和战略突破。

总之，大数据可以通过提供数据驱动的洞察、预测分析、个性化、流程优化、新模式/产品开发、从而为企业/组织增强决策和持续改进提供基础，使其成为创新技术/模式的催化剂。通过利用大数据的力量，企业/组织可以在当今充满活力和竞争的市场中创造新的高质量生产力，实现战略突破并提高现有生产力水平。

2，大数据改造传统生产力

大数据如何确定哪些创新科技可以被用来创造新的高质生产力，实现企业的战略突破并改进现有的生产力水平呢？

大数据在确定利用哪些创新技术创造新的高质量生产力、实现战略突破、提高现有生产力水平方面，可以通过举几个例子来说明：

1. 智能(AI/BI)技术和机器学习：大数据可以为智能（AI/BI）技术和机器学习建立有效而成功的数据基础（Data Foundation），AI/BI 及机器学习技术可以依托这种稳定的"数据基础"高效而准确地分析海量的业务数据，并自动执行重复性任务、增强决策过程并优化资源分配。例如，人工智能驱动的预测维护系统可以提高传统设备正常运行时间并降低维护成本，从而提高生产率。

2. 物联网 (IoT)：物联网设备会生成大量数据，可对这些数据进行分析以优化运营、提高效率并增强客户体验。例如，传统制造设备中的物联网传感器可以实现预测性维护、最大限度地减少停机时间并最大限度地提高产量。

3. 区块链：区块链技术提供安全、透明和不可变的数据存储解决方案，可以激发信任并促进各行业的创新。例如，基于区块链与现有供应链平台的结合，可以提高透明度、可追溯性和效率，从而提高现有的生产能力和形成战略优势。

4. 增强现实 (AR) 和虚拟现实 (VR)：AR 和 VR 技术可以改变培训、维护和产品设计流程，从而提高生产力和战略突破。例如，AR 驱动的远程协助工具可以为现场技术人员提供实时指导，减少停机时间并提高服务质量。

5. 高级数据分析和数据可视化：高级数据分析技术与直观的数据可视化工具相结合，可以为决策者提供从大数据中获得的可行见解。例如，交互式仪表板和预测建模工具可以帮助高管识别增长机会、降低风险并推动战略举措以实现长期成功。

为了说明以上所述，我们在此举例一个商业应用场景，描述一个大数据与 BI 技术相结合提升商业行业生产力的商业过程。

以下是我们经历的服务行业某咖啡连锁店，为了在不增加固定资产的情况下，依靠现有人力资源，提升自身的产品 --- 咖啡饮料及时尚饮品的销售能力，扩大市场的占有率和市场影响力，进而稳住市场地位。他们请来了高级大数据分析/处理人员，建立精准的数据模型、数据流水线、数据基座（Data Foundation）用于消费者行为分析和供应商分析报告，从而获得消费者细分、业务细分的商业模型，帮助决策者制定精准的、新的销售模式，实现高层管理者的制定的提升生产力的业务方针：在提升公司产品销售、成本下降、利润增加、市场地位稳固的同时，还必须实现让利消费者，提升消费者对产品的消费体验。

他们请来的大数据人员按照客户的要求，进行了如下设计（过程简要）：

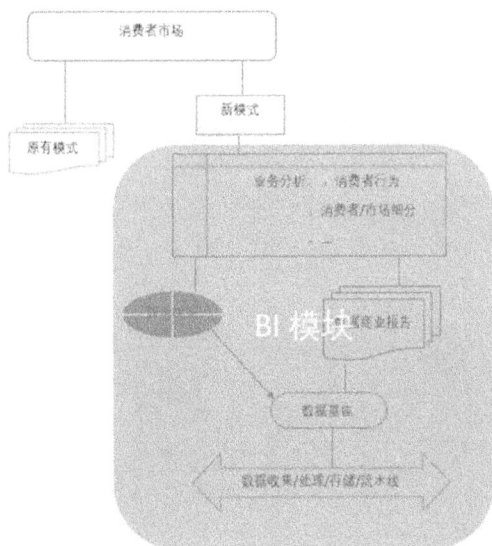

经过数据人员的开发，业务人员根据产生的商业数据报告，仔细地分析了消费者的行为情况，从而细分了消费者群体，细分了消费者市场，制定并增加了新的、精准的销售策略/盈利策略/良好的消费者体验策略等等。

以下是其制定出的其中一种新的市场销售模式：消费积分奖励

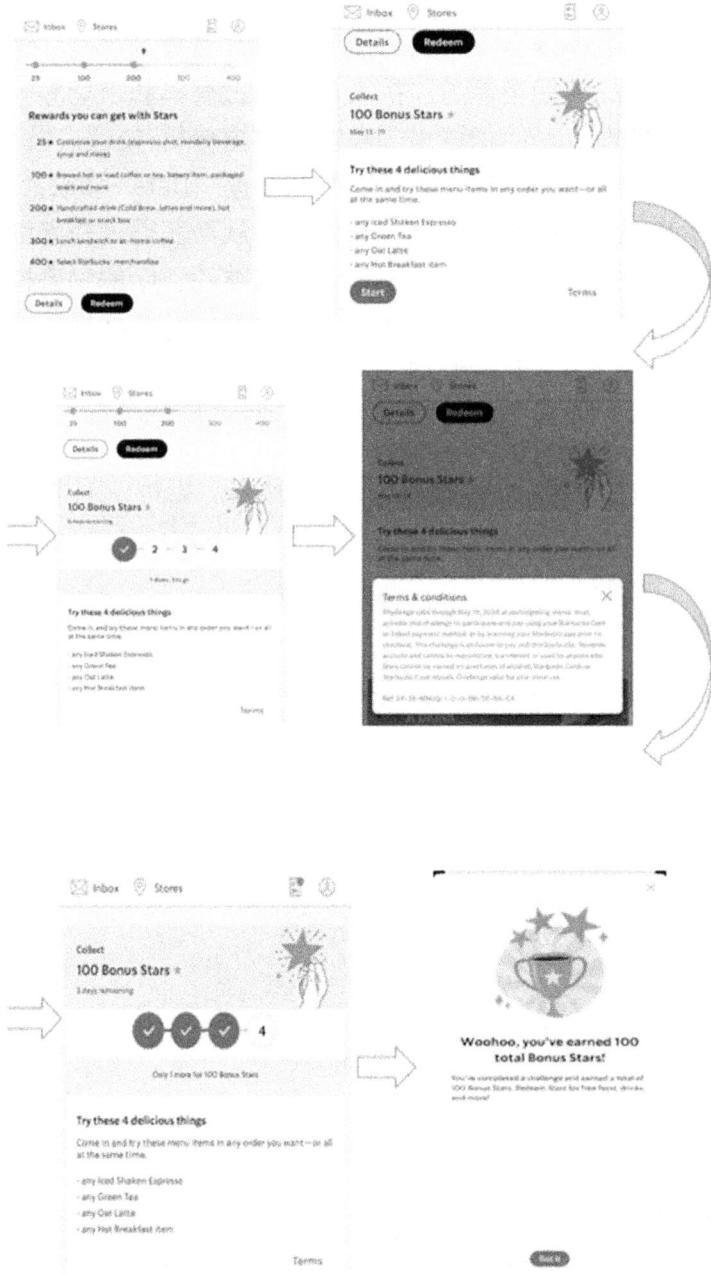

后来的事实证明，此消费奖励计划由于是建立在"客户细分"的基础上，按客户的"口味"、"消费行为"等建立了"细分市场"制度，不同的客户接到不同的"奖励计划"，但有一个"共同点"，就是均与客户"共享利益"（以上流程的第一张图就是它与客户的"分利"计划）。此计划由此也受到了消费者的广泛追捧，最后双方相得益彰。

在以上的"消费积分奖励"计划中，其概念不是一个新的概念，但如何针对不同的消费者采取不同的、个性化的"积分策略"和个性化的"奖励政策"，同时该"策略计划"不但要能满足公司的利益，也能"分利"于消费者，提升他们消费体验（绝不能有"大数据杀熟"的感觉），使消费者增加对公司品牌的好感，达到公司和消费者共赢的效果。这个"平衡方案"如何制定的合理、精准，就必须应用大数据+BI智能技术的加持才能做到。

作为服务行业来说，其衡量其生产力的高低，主要不是体现在"生产"方面，而是体现在其产品的"卖出"方面，即以营销模式的创新来带动利益的提升，也即是以"服务方式"的创新来带动"生产力"的提升。这（以上的案例）也就是新型技术赋能传统生产力并提升传统生产力，实现其向"新质生产力"的转变。

综上所述，通过利用那些创新技术，利用大数据的力量，企业/组织可以在当今的竞争格局中创造新的高质量生产力，实现战略突破，并提高现有的生产力水平并实现到"新质生产力"的转变。

第十七篇　做好大数据工作

本书前面的篇幅讲述了什么是大数据、什么是支撑"大数据宇宙"的数据基础设施（包括第二至第九篇）、什么是大数据哲学观、什么是大数据生态、什么是大数据体系等等。这些都是基于以往的工作经历写的，是属于"经验总结"篇。而本篇是基于经历总结后的"探讨篇"，与大家共同探讨如何做好大数据宇宙建设中的"大数据工作"。

在现实中我们常常听到这样的问题：数据是好，但如何做好它我们不知道！你说数据是生产力促进要素，但怎样发挥它的威力呢？数据要开放，数据安全/个人隐私如何保护好？如何实现数据开放与安全保护的平衡？数据基础设施如何建设？等等，不一而足。

要回答好这一类的问题，不是几条政策一规定、一实施就可以解决了的。对数据的认识是需要有一个系统的实践过程的。

1，大数据工作的障碍

要做好数据工作，可能会面临各种障碍，这些障碍可能来自组织、管理、文化和技术等多个方面。

来自于组织方面的障碍主要有：

。数据工作可能引起组织结构和业务流程的变化，而组织中的一些成员可能对变革产生抵触情绪，导致项目推进的困难。

。数据工作没有制定清晰的战略/业务目标，导致数据工作缺乏方向性和整体目标。工作团队可能会迷失在庞大的数据中，无法创造出实际价值。

。缺乏清晰和有效的报告和沟通机制，使得数据工作的成果难以被决策者理解和采纳。可能出现管理层对使用数据做出的决策感到困惑或不信任，从而降低数据工作的有效性。

。在组织内部，数据可能分散在组织的不同部门中，部门之间的隔阂可能妨碍数据的共享和协同工作，出现数据孤岛的问题。

。数据工作通常是一个长期的过程，需要组织的长期承诺和投资。缺乏这种承诺可能导致项目的中断或失败。过于强调短期利润和业绩，可能导致组织对长期数据战略的投资不足，错失未来的潜在机会。

来自于管理方面的障碍，主要是操作层面上的事情，主要有：

。管理者的狐疑。由于缺乏对数据价值的深刻认识，对于既定的数据规划的实施犹犹豫豫，遇到实践中的困难缺乏决断。

。过于相信技术权威，过度依赖技术解决方案，而忽视了业务需求和目标可能导致实际价值的缺失。

。缺乏风险应对机制。未能充分考虑和管理与数据工作相关的风险，可能导致项目失败或者引起其他问题。

。未能适当分配人力、财力和技术资源，导致项目拖延、出现质量问题或者无法达到预期效果。

。绩效考核机制执行不适当，导致员工在工作中过度关注个人目标而忽视团队和组织整体的数据工作目标。

。项目管理不善导致项目的拖延、超出预算或者无法按时交付工程。

来自于文化方面的障碍，主要是人文层面上的事情，主要有：

。受到传统文化和工作方式的影响，难以接受和适应数据驱动的新文化。

。不同团队、部门或办公室之间可能存在文化差异，这可能阻碍数据共享和协同工作。数据人员缺乏与其它业务部门有效的沟通技能和协作机制，也会导致信息的误解、孤立和无法形成共同的理解。

。业务主管在数据规划方面甩手技术人员或第三方，不愿意参与数据工作，从而降低了数据工作的有效性。

。企业/组织内部缺乏员工培训意识，员工缺乏适当的培训和支持，无法充分利用数据工具和技术。

。管理层缺乏对数据价值的深刻认识，对数据质量不重视，可能会导致数据不准确、不一致，影响决策的准确性。

来自于技术方面的障碍，主要表现在对技术的取舍上，主要有：

。数据基础设施建设不足。缺乏适当的硬件、软件和网络基础设施，导致数据工作的效率低下和规模受限。

。数据架构和整合标准不合适。数据来源分散、格式不同，致使数据集成和清洗变得复杂。不同系统和工具之间的集成问题会导致数据流的中断，妨碍数据的流通和协同工作。缺乏统一的数据标准和规范可能会导致数据格式混乱，使得数据整合和共享变得困难。不适配的技术架构可能阻碍了对大规模数据的存储、处理和分析，限制了数据工作的规模和效能。

。技术选择失当。不正确选择或不正确使用数据分析、挖掘和可视化工具可能导致结果不准确，影响决策的质量。在需要进行实时处理数据的场景中，如果技术选择适当，无法支持实时性要求，也会导致对组织实时决策的限制。

。缺乏相应的技术人才，如 BA（业务分析人员）、DA（数据分析人员）。尤其是 BA 人员的缺乏是普遍现象。BA 人员的缺乏会直接导致数据工作，包括数据规划、数据整理、数据报告等的工作质量。

。数据安全性不足。缺乏对数据安全的评估，尤其是基于成本节省或预算不足而减少或忽略数据设施的实时备份及容错性，导致数据系统的崩溃和服务中断后不能及时恢复。

。数据系统的更新及可扩展性估计不足。技术过时、无法及时更新和维护可能导致系统不稳定，降低数据保护的安全性工作及数据系统的可用性/可靠性。随着业务数据量的不断增加，数据存储和处理能力不足而导致数据系统性能下降和数据分析的延迟。

以上列举的障碍都是在现实社会中已经出现过或存在着的。它们对数据工作的成功产生显著的影响。

2，大数据工作的任务

数据工作的任务主要是围绕避免或解决"数据工作中的障碍"展开。

总所周知，一切工作都是"人"做的，数据工作也不例外。在数据工作的各个环节中，主要矛盾都是"人与需求"的矛盾。即在数据工作的各环节中是否是"正确的人在处理正确的事情"。也就是说如果我们实现了这一点，一切问题/障碍就可以"迎刃而解"啦。

因此，"择人任事"就是数据工作成功完成的**首要任务**。

"择人任事"的核心事物就是"选将"。最高管理层寻找适合的人选担任数据工作的"主将"，而对这类人的选择需满足以下基本标准：

。忠诚度高

。责任感强

。交际及沟通表达能力强

。具有较高的 BA 能力及较高的哲学素养

。学习能力及业务理解能力强

。具有某个业务专业领域 7 年以上的工作经历

。具有不畏惧各种问题矛盾的勇气

主将角色的任务就是筹建并领导数据工作。包括完成企业/组织的数据战略规划、协调解决内部各部门和第三方在资源整合等方面出现的矛盾及问题、组织并领导专业技术人员完成为实现数据战略规划而进行的各项技术性工作。

企业/组织的数据战略规划包括，但不限于以下内容：

。通过数据挖掘及分析要达到的业务目的，包括竞争力的提升等。

。通过数据整合如何提升企业/组织在市场/社会上的实力/地位。包括增加企业/组

织的数字资产/数据资产，壮大资产规模。

。数据战略规划完成的步骤及时间表

主将一旦选定，任务一旦展开，必将马上面对来自各方面的各种"需求"。

1）就是来自最高管理层的需求。理解并掌握最高管理层希望通过数据分析来提升生产力的目标/目的/任务。并按此提供有效的建议帮助最高管理层进行数据战略规划方面的决策。

2）是组建专业数据团队的需求。专业数据团队一般由以下素质的人员组成：

。BA 人员：

熟悉该领域的业务，有较强的逻辑分析能力及极强的业务/人文沟通能力，

至少 5 年以上 BA 领域工作经历。

使用 BA 人员参予数据战略规划的制定，能最大程度上提高规划的精准性，

减少盲目性，降低"障碍"出现的概率。

。IT/DT 人员：

包括软件开发、系统管理、数据库/仓库、网络通信、BI 和数据安全等人员。至少 3 年以上相关领域工作经历。

BI 和数据安全人员由于须经常与其它业务部门人员进行"需求"交流，因此这 2 类人员必须具有极强的人文沟通能力。

使用有经验的数据技术人员，能够提高项目开发的质量，发挥技术资源的优势、使用效率及潜力开发，在一定程度上减少/弥补数据基础设施不足而出现的"障碍"，节省项目的完成时间。减少开发过程中"障碍"的发生率。

有经验的数据安全人员的加入，能够使数据系统开发过程及数据结果符合社会/行业的安全标准，减低数据泄露或侵犯他人权利给企业/组织造成的危害。

。行政人员：

包括项目经理、文档写作、培训老师等。

使用有经验的项目经理，可以更加有效地与其它部门主管人员的交流沟通，从而减少人文摩擦带来的"障碍"，提高数据工作的效率。使用有经验的文档写作人员可以提高文档的精准性及质

量，减少文档内容误解造成的 "障碍" 发生率。而有经验的培训老师在对员工/用户的数据培训方面能做得更好，

使员工及用户的数据觉悟（包括数据安全觉悟）得到准确地提升，从而获得 员工/用户对数据工作的极大支持度，减少这方面的 "障碍" 发生概率。

数据 "主将" 带领团队完成符合企业/组织数据战略规划的具体实施计划及项目计划，并获得最高管理层的书面认可。

3）是 "摸清" 家底。带领团队完成：

。调查内部业务资源。包括业务流程、各部门任务及与其它部门的业务关系/联系，完成业务流程图绘制及业务流程中各环节的数据情况（包括数据的发生、数据类型、数据源及数据存储等），并据此完成业务数据流程图及 BA 分析报告。

。调查内部技术资源。包括现有的技术设备，技术人员及其分布。确定内部现有的技术资源是否足以支持完成现有的项目目标。

。寻找外部支持资源。如果现有内部技术资源不足以完成项目目标时，应寻找外部资源支持。制定寻找 "外援" 的计划、标准及范围、数据安全措施等。

必要时数据 "主将" 需要根据 "家底" 情况及所能获得的资源支持情况来修改相应的项目计划及实施计划。

次要任务就是解决 "巧妇难为无米之炊"。

为了实现数据项目计划，达到企业/组织数据战略规划的目标，数据工作必然要获得相应的业务资源（包括人力资源）和数据技术资源的支持。如果没有相应的资源支持是不可能完成这方面的工作的。

因此，最高管理层应全力支持数据"主将"提出的资源需求。包括资源分配、技术员工的招募、员工数据培训制度的建立及必要时应做出相应的组织结构调整及企业文化的修正等，以帮助清除数据工作中出现的障碍。

再次要的任务就是数据项目的管理。

为了实现数据战略的目标，必须实现必要且严格的数据项目管理，它包括以下（但不限于）内容：

- 项目计划及任务划分

- 项目各环节的数据设计

- 项目开发及进程控制

- 项目验收（包括必要的环节测试及整体测试）

- 项目培训

- 项目后续管理

以上陈述了数据工作的三大任务内容，是在实际的数据实践过程中验证有效了的。为使影响数据工作的"障碍"尽可能地少，使数据工作能顺利进行，依实际工作情况的差异，数据工作的任务内容应不止这三大项。这需要企业/组织的最高管理层根据自己的实际情况进行观察制定。

3，大数据工作的成就

数据工作的最大成就是实现了企业/组织的数据战略规划目标。其它的成就包括（但不限于）完成：

- 数据基础设施提升

- 数字数据资产价值提升

- 组织结构的改善

。生产力质素提升

。可持续发展增强

这些成就的具体表现在以下方面:

1. **数据基础设施提升:**

   - **效率提升:** 改善数据基础设施将增强数据的存储、处理和传输效率,提高数据工作的整体效能。

   - **规模扩展:** 升级基础设施可支持更大规模的数据处理和分析,使企业能够处理更多、更复杂的数据。

2. **数字数据资产价值提升:**

   - **数据资产管理:** 有效管理数字数据资产将使企业更好地利用数据,提高数据的可重复使用性和价值。

   - **数据挖掘和分析:** 利用数字数据资产进行数据挖掘和分析,发现潜在商机和优化运营。

3. **组织结构的改善:**

   - **协同工作:** 通过数据工作的改善,促进不同部门之间的协同工作,减少组织内的信息孤岛问题。

   - **决策效能:** 提供更准确、及时的数据支持决策,改善组织决策的质量和效率。

4. **生产力质素提升:**

   - **智能化决策:** 利用数据分析和挖掘技术,实现更智能、数据驱动的决策,提升生产力和质量。

   - **自动化流程:** 数据工作的成熟可以带来业务流程的自动化,提高工作效率和降低错误率。

5. **可持续发展增强:**

- **资源优化：** 数据工作有助于更好地了解资源利用情况，优化供应链和生产过程，支持可持续发展目标。

- **环境影响评估：** 利用数据对企业活动的环境影响进行评估，有助于制定更可持续的经营策略。

对以上这些成就要进行评估，衡量它们的成就价值，以利于后续的改进。

衡量企业/组织数据基础设施的建设成就包括对本书第二篇至第九篇涉及内容的评估，相关的体系建设是部分完成还是全部完成？完成的深度及广度如何？等等。

衡量企业/组织在数字数据资产方面的成就包括其所属的商业数据集/数据库、数据报告集及其体系、数据分析工具及其体系及数据存储体系方面的建设进行价值评估。涉及类别、数量、质素、安全维护等内容。

衡量企业/组织的内部业务结构的改善，包括评估其在完成数据基础设施建设后，根据相应的数据流优化了其组织机构/结构，业务运转效率的变化情况如何？是提升还是下降？提升度多少等等。

衡量企业/组织的生产力质素的提升，包括评估其在完成本书第二篇至第九篇涉及内容的建设后，对企业/组织整体的生产能力、运转效果、利润提升的改善情况。

衡量企业/组织的可持续发展性的增强，包括评估其生产力质素提升后，可持续保持发展能力的强弱及长久。

数据工作的成就表现在企业/组织进行"数字化改造"后整体能力的显著提高。具体表现在以下方面：

- **决策能力：** 数据支持的决策更准确、及时，帮助企业做出更明智的战略和运营决策。

- **创新能力：** 利用数字数据资产进行创新，发现新的商机和优化业务流程。

- **运营效率：** 数据工作的改善将提高业务流程的效率，降低成本，并促进生产力的提升。

- **组织协同：** 数据工作有助于打破部门之间的壁垒，促进更紧密的组织协同工作。

- **可持续发展：** 数据工作支持企业更好地理解和管理资源，有助于实现可持续发展的目标。

总体而言，企业/组织完成这些数据工作成就的意义除了在于提高他们在多个方面的能力外，还能使其更加适应市场变化、促进创新，并更好地履行社会责任。这对企业/组织的长期发展和可持续经营具有重要价值。

结束语：构建大数据宇宙，走向数字未来

在本书即将落下帷幕之际，我想借此机会分享几句由衷的话：

早在"大数据（Big Data）"这一术语正式出现之前，社会就已长期面临海量数据处理的挑战与机遇。大数据的兴起并非偶然，它源于数字数据的爆炸式增长、数据存储与计算能力的跃升，以及人类对"数据背后隐藏的洞察价值"的持续追求。

可以说，大数据不仅是一种技术进步的结果，更是推动数字经济生态系统演进的"核心驱动力"。它是在人们对从大型和多样化数据集中提取见解价值的日益认识等因素的影响下而产生的。

本书所探讨的一切内容，正是围绕如何构建支撑数字经济博弈与竞争的战略基础设施——"大数据宇宙"展开。这一体系并非虚构，而是一个高度现实、极具战略价值的数字生态结构。

在"大数据"概念尚未普及之前，我们称其为"海量数据（Massive Data）"。彼时，世界各国，尤其是发达国家，已涌现出一批专注于数据处理的技术企业（如德国的 SAP 等），同时也培养出大批经验丰富的数据从业人员。这批"先行者"所积累的成功经验与操作规范，成为当今"大数据宇宙"构建方法论的源头。他们，是数据行业的中坚力量；他们的智慧结晶，也构成了本书中反复强调的"行事法则"。掌握了这些"法则"，你就明白"大数据宇宙是怎样练成的"了！

掌握这些法则，你将真正理解：大数据宇宙，是怎样一步步炼成的。

本书的内容，几乎全部源自作者真实的行业实践、项目经验和系统总结。数据行业不是一门"新兴产业"，它的发展轨迹绵延千年：从古代的手工账本到现代的信息化平台，从早期的数据记

录工具到如今高度智能的分析系统，每一步都凝聚着无数数据人的智慧与探索。本书正是希望通过总结这些实践经验，为后来者在建设数据基础设施的过程中少走弯路、避免误区。

更重要的是，我们必须意识到："大数据宇宙"的建设，是企业与组织在迈向"数字化转型"过程中的关键"软体工程"。多个小型的数据生态系统相互耦合、协同发展，最终形成区域性、行业性的"大数据宇宙"，构建起数字经济时代的"软实力"底座。

建设"大数据宇宙"的最终目的，不仅是提升信息处理效率，更在于推动"以数据消费为核心驱动的新型经济增长模式"。这一过程绝非轻松之举，它要求高度的耐心、极强的专业精神，甚至在很多阶段，仍需回归基础、采用"原始"的方式对数据进行精细加工与治理。其复杂程度，绝不亚于高端制造业中的"精密加工"。

请谨记：

建设"大数据宇宙"，没有捷径，唯有踏实前行。

最后，愿每一位读者都能在数据时代的浪潮中找准方向、稳健航行。愿本书成为您开启数字化建设的灯塔，成为您理解、驾驭、博弈数据世界的行动指南。

正如本书开篇所强调的口号：

"数据能揭示出你想象不到的真相！"

——这不仅是一句口号，更是一个时代的洞察。